LES FÊTES

DES ENFANS.

LE JOUR DE L'AN.

La leçon du Grand-Père.

LES FÊTES
DES ENFANS,

ou

RECUEIL

DE

PETITS CONTES MORAUX.

Par M. DUCRAY-DUMINIL.

SIXIÈME ÉDITION.

TOME PREMIER.

PARIS,
HAUT-COEUR ET GAYET JEUNE,
LIBRAIRES, RUE DAUPHINE, N° 20.

1822.

AVANT-PROPOS.

On a beaucoup écrit, on écrit beaucoup encore, et l'on écrira toujours beaucoup pour l'enfance : l'intérêt qu'inspire cet âge si tendre, exercera, dans tous les temps, la plume des moralistes, jaloux d'aider les pères de famille à former le cœur et l'esprit de petits êtres destinés à fonder la postérité. Sans doute on peut critiquer justement l'énorme quantité de livres que l'on fait journellement dans cette intention; mais les bonnes mères trouveront toujours qu'il n'y en a jamais trop, celles surtout qui savent distinguer, dans le nombre, les productions utiles, morales, propres à développer la raison de leurs jeunes élèves. Dans un champ, l'ivraie se glisse parmi le bon grain; dans un parterre, toutes les fleurs ne sont pas odorantes.

On a demandé ce à quoi ont servi tous les livres faits pour les enfans vers le milieu du siècle dernier; on a prétendu qu'ils n'avaient pas empêché la révolution d'éclater. Non sans doute ; mais a-t-on trouvé dans ces livres un seul principe, un seul germe de cette fatale révolution ? Ce monstre a pris son origine, non dans les livres écrits *pour les enfans*, mais dans ceux faits *pour les hommes*. Ces derniers ont détruit tout l'ouvrage des premiers. Les élèves de Berquin, doux, sensibles, humains jusqu'à l'âge des passions, ne sont devenus des *Brutus* et des *Cassius* que par la lecture d'autres auteurs qui ont exalté leur imagination et détruit toutes les bonnes dispositions de leur enfance. Un estomac délicat s'est rétabli par le laitage ; l'abus des liqueurs fortes le fait retomber dans son premier état. Il est donc injuste d'exiger une continuité de bien d'un régime qu'on a quitté.

Si nous ne trouvons que des principes de vertu, de morale et de sagesse, dans les ouvrages de Berquin et autres de ce genre, qui empêche qu'on n'imite, qu'on ne continue ces estimables auteurs? qui peut trouver à redire à ce qu'on multiplie les ouvrages moraux pour les enfans? On en fait trop, dira-t-on :

On fait de méchans vers?... Eh! ne les lisez pas.

AVANT-PROPOS. xj

Heureux d'ailleurs quand on ne peut reprocher que de la *niaiserie* ou de l'*ennui* à quelques-unes de ces productions ! il y a tant d'autres livres qui méritent des reproches bien plus graves.

Encouragé par la bienveillance que les pères de famille , les instituteurs eux-mêmes ont bien voulu accorder à mes premiers essais en ce genre , j'ai cédé à de nouvelles sollicitations pour offrir à la jeunesse une petite *Bibliothèque* morale, instructive et amusante en même temps. Assez d'autres ont donné des compilations de l'histoire en général, de l'histoire naturelle, de la géographie, de l'astronomie, etc., etc. Je n'ai point voulu que mon ouvrage entrât en concurrence avec ces livres, très-utiles d'ailleurs, et qui sont en assez grand nombre pour suffire à la seule instruction de la jeunesse. Le mien ne tend qu'à l'amuser, l'intéresser, et parler à la fois à son cœur, à son esprit, ainsi qu'à sa naissante raison. Son titre indique assez qu'il contient, si j'ose le dire, *une petite encyclopédie* de tous les genres amusans. Il sera livré au public par deux, trois, ou quatre petits volumes ensemble ; mais , quoiqu'ils puissent se détacher du corps d'ouvrage, ce corps d'ouvrage n'en aura pas moins vingt volumes de la force et du format de celui-ci. Ils seront coupés en parties séparées, tant de fabliaux, tant de contes, de théâtre, etc., qui, j'ose l'espérer, offriront de la variété sans exiger une lecture continue, puisque chaque division de volumes terminera son sujet. Ainsi on pourra s'en procurer séparément telle ou telle partie, selon qu'elles auront le bonheur de plaire davantage.

Je rencontre souvent aujourd'hui, dans la société, des hommes qui, dans leur enfance, ont lu mes *Soirées de la Chaumière*, et veulent bien m'en faire quelques complimens. Puisse ma *petite Bibliothèque* procurer à ma vieillesse les mêmes jouissances.

LES FÊTES DES ENFANS.

CHAPITRE PREMIER.

LE JOUR DE L'AN.

La Leçon du Grand-Père.

Oh! qu'il fait froid aujourd'hui, papa, dit Auguste à M. de Mercour. La rivière est gelée ; l'eau est gelée, dit-on, dans les cuisines; le pain lui-même gèle dans le buffet. Voilà un bien vilain jour pour le premier de l'année. — Il l'est moins pour vous, mon fils, répond M. de Mercour, que pour des malheureux qui manquent de bois, de pain, de toutes les premières nécessités de la vie. Que dis-je, Auguste? ce jour est superbe pour toi, comme pour tous les enfans..... Je ne devrais pas m'expliquer là-dessus : il est huit heures du matin; tu entres dans mon cabinet, et au lieu de me dire ce que ton devoir doit te dicter, tu me parles du froid, de l'eau, de je ne sais quelles balivernes. Est-ce que tu ne sais pas qu'en ce jour solennel?.... — Oh! pardonnez-moi, papa ; c'est que j'ai les mains si engourdies..... Ah! voilà ma sœur. Julie, souhaitons la bonne année à notre cher papa.

Auguste et Julie embrassent leur bon père, lui demandent la continuation de sa tendresse, et M. de Mercour, tirant quelques objets de son secrétaire, leur dit : C'est fort bien, mes enfans. Je dois à mon tour vous donner vos étrennes, et les voici. Auguste, voilà un double louis; c'est de l'or, vois-tu : fais-en un bon usage, mon fils. Je ne prétends pas te gêner sur l'emploi que tu en feras; achète des jouets d'enfans, des friandises là-dessus; cela me sera égal, pourvu que tu tiennes un registre exact de toutes tes dépenses, et que tu me le communiques, afin que j'y voie l'emploi de ton or. Tu m'entends? Je te répète que tu peux contenter toutes tes fantaisies; je veux seulement savoir ce que tu auras acheté, et je ne te gronderai sur rien, je te le promets.

Auguste remercie son papa, et saute de joie en cherchant déjà dans sa tête ce qu'il va acheter avec une si belle pièce d'or. M. de Mercour s'adresse à Julie. Ma fille, lui dit-il, comme tu as un an de moins que ton frère, qui en aura neuf le huit de ce mois, je te donne une somme moins forte qu'à lui. Voilà un louis et deux écus de six francs. Je te laisse la même liberté qu'à ton frère. Tu en feras l'emploi selon tes désirs, et tu me dresseras, comme lui, un petit état de tes dépenses : voilà tout ce que j'exige de vous. Maintenant, mes enfans, allez dire qu'on vous habille. Quand vous serez prêts, je ferai mettre les chevaux au carrosse ; nous rendrons d'abord visite à votre oncle le président, à votre tante la comtesse de Mercour, et nous irons ensuite présenter nos respects et nos devoirs à votre aïeul, mon respectable père, à son château de Mercour, où vous savez qu'il réside toute l'année. Comme ce château n'est qu'à quatre lieues de Paris, nous y dînerons, et nous reviendrons tous ce soir. J'espère que vous serez surchargés d'étrennes aujourd'hui ; car toutes ces personnes vous aiment autant que moi, et vous aurez encore beaucoup de monde à visiter dans le village de Mercour, où vous avez été nourris.

Oh! papa, répond Auguste, j'espère, par exemple, que nous n'oublierons pas d'aller voir la mère Berthe, notre bonne nourrice. — Et son vieux père, interrompit Julie, le joyeux Thomas, qui nous faisait toujours sauter sur ses genoux. — Et le maître d'école qui nous a commencés à l'A, B, C, D. — Et M. le curé, qui, le premier, nous a appris les commandemens de Dieu et de l'Église. — Et.... — Et.... — Et....

Oh! reprend M. de Mercour, vous n'en finissez pas avec vos *et, et, et*. Profitons de la matinée. Mon père dîne à deux heures ; c'est un devoir pour nous de nous trouver l'heure de son dîner. Il est si âgé ! Allez donc vous habiller.

Auguste et Julie sont bientôt prêts, et ils n'ont jamais été si contens. Une seule chose les embarrasse : c'est l'emploi de leur argent. Auguste regarde sa belle pièce d'or ; il la retourne en tous sens ; il l'admire ; il voudrait bien ne jamais la changer. Julie lui en offre les moyens. J'ai, dit-elle, une pièce d'or comme toi, quoique plus petite, et je me promets bien de la garder toute ma vie; mais j'ai, avec cela, deux écus de six francs; je t'en donne un : tu le dépenseras comme je ferai du mien, en gâteaux, en sucre d'orge, en ce que nous voudrons, et, comme cela, nous conserverons nos pièces d'or que nous ne changerons que lorsque nous serons grands. — Je le veux bien, répond Auguste, mais à une condition : c'est qu'en changeant ma pièce, quand je serai grand je te rendrai tes six francs. — J'y consens. — C'est dit. Serrons nos belles pièces dans notre jolie petite commode d'acajou, et qu'elles ne voient le jour de long-temps. — Non, mon frère, emportons-les aujourd'hui, pour les montrer à tout le monde. Demain, nous les serrerons. — Tu as raison.

Julie et son frère vont retrouver M. de Mercour, qui les loüe sur l'élégance de leur toilette. Il leur dit : J'ai recommandé qu'on ajoutât aujourd'hui à votre parure. Vous êtes fort bien mis, mes enfans ; il vous manque cependant encore quelque chose..... je sais bien quoi. — Et moi aussi, papa, dit Julie. — Dis-moi franchement ce que tu crois qui te manque. — Mon papa, regardez mon cou. — Ah ! ah ! c'est un collier ? — Oui, papa. — Fort bien. Et toi, Auguste ?

— Mon papa, c'est une montre, à présent que j'ai neuf ans. — Ainsi donc, il vous faudrait une montre, un collier.... — Vous riez, mon papa? — Je ris, en effet, de l'idée que vous serez bien heureux ce soir. — Nous serons bien heureux! Mon papa, vous savez quelque chose. — Cela se peut; mais je ne veux rien savoir. Attendez la fin de la journée, et vous verrez que j'avais raison de rire; car mes enfans, votre bonheur fera toujours ma joie.

M. de Mercour, Auguste et Julie montèrent en voiture, et allèrent rendre trois à quatre visites chez des parens, chez des amis, qui comblèrent nos enfans de cadeaux. Partout ils virent des petits garçons et des petites filles comme eux, qui leur montrèrent leurs étrennes. Auguste et Julie firent également briller les leurs à leurs regards curieux, et tous convinrent que le jour de l'an était véritablement la fête des enfans.

A onze heures, la voiture prit la route du village de Mercour, où résidait le vieux baron, seigneur du lieu. C'était un ancien militaire, homme aussi vertueux que respectable, et qui chérissait les deux enfans de son fils.

Auguste et Julie, tout fiers d'être parés d'habillemens neufs et trèsélégans, se pavanèrent en descendant du carrosse de leur père, et firent à peine attention à deux jeunes paysans qui les attendaient à la grille du château de leur aïeul. C'était un villageois et sa sœur, qui supplièrent Auguste et Julie de leur donner quelques secours. Nous mourons de froid, dit le jeune homme. Mon bon petit Monsieur, veuillez nous donner de quoi avoir un peu de bois pour notre pauvre mère, pour ma sœur et pour moi.

Auguste et Julie, voyant de loin leur aïeul qui les attendait sur le perron, et leur ouvrait déjà les bras tout grands pour les embrasser, eurent la dureté de repousser les deux malheureux, en leur disant : Otez-vous donc ; vous nous pressez-là ! Vous allez gâter nos beaux habits. — Mais, mon bon Monsieur, du bois ? — Allez vous chauffer au soleil, et laissez-nous passer.

Un coup de coude qu'Auguste donna au jeune paysan le fit reculer de quelques pas. Il se retira avec sa sœur, et notre Auguste ainsi que Julie, volèrent dans les bras de leur aïeul. Le vieillard les reçut avec sa tendresse accoutumée ; mais il ne leur donna rien, ce qui surprit et piqua nos enfans. A leur âge, on aime bien ; mais il est dans l'année de certains jours où l'amitié peut, sans qu'on s'en fâche trop, se montrer intéressée. Ils pensèrent, néanmoins, qu'ils dîneraient avec leur grandpapa, qu'ils ne le quitteraient que le soir, et que ce ne serait sans doute qu'au moment de leur départ qu'il leur donnerait leurs étrennes.

En attendant le dîner, Auguste et Julie eurent la permission d'aller faire leur visite à leurs bons amis du village.

Chez M. le curé, ils virent le fils de la gouvernante, jeune garçon de treize ans, qui leur montra un beau livre de piété que le maître de sa mère lui avait donné.

Chez le maître d'école, cinquante à soixante enfans de pauvres gens admirèrent en silence leurs beaux habits, et soupirèrent de chagrin en voyant les nombreuses étrennes qu'ils avaient reçues. Auguste devina la cause de leurs regrets, et dit tout bas à sa sœur : Ce jour-ci n'est pas une fête pour tout le monde, ces petits indigens ne sont pas si heureux que nous.

La mère Berthe et son vieux père Thomas ne furent pas si tristes en revoyant les deux enfans, que la première avait nourris de son lait. Ils pleurèrent de joie en les embrassant..... Mais quel tableau pour Auguste et sa sœur ! Leur bonne nourrice, son père, leurs trois jeunes enfans, tout cela est sans feu, dans une maison crevassée de tous les côtés, et ils grelottent comme s'ils étaient dans la rue. Et quoi ! mère Berthe, s'écrie Auguste, sans feu par le temps qu'il fait ! — Dame ! mon garçon, je n'avons pas de bois. Il est trop cher ! — Combien donc coûte-t-il, mère Berthe ? — Le moins cher vaut encore, dans le pays, quarante-huit francs la corde. Juge, Auguste, si je pouvons en avoir ? — Quarante-huit francs, mère Berthe ? N'est-ce pas ce que vaut ce double louis ? — Tout juste.

Montre-le-moi donc. Ah! que c'est beau, de l'or! — Vous le trouvez beau, mère Berthe? eh bien! gardez-le. — Ah ben! moi, le garder! Oh que non; votre papa vous gronderait. — Il ne me grondera pas. Ce sont mes étrennes qu'il m'a données ce matin. Qu'elles deviennent les vôtres, et allez-vous-en tout de suite acheter ce que vous appelez une.... une.... — Une corde de bois. — Comme vous dites. Sans doute qu'il y a bien des fagots là-dedans? — Oh! s'il y en a! J'en aurons à brûler pour notre année. — Tant mieux. Adieu mère Berthe. — Attendez donc. Reprenez ça. Je ne pouvons pas, en conscience....

— Papa m'a permis d'en faire ce que je voudrai. J'en ferai..... que vous ne mourrez pas de froid. Je serai plus heureux que si je l'avais dépensé en friandises. Adieu, adieu.

Auguste entraîne sa sœur, et tous deux reviennent chez leur aïeul, où l'on se mettait à table. Auguste et Julie restent bien étonnés de voir, placés près de leur grand-papa, le même paysan et sa sœur qui leur avaient demandé des secours à la grille du château; mais ils ne sont plus vêtus en villageois; ils sont mis proprement, et la jeune fille a même à son cou un très-beau collier de corail qui la pare beaucoup.

Le vieux baron dit, d'un air froid, à Julie : Julie, tu regardes mademoiselle? Apprends que le beau collier qu'elle porte t'était destiné. Mes enfans, vous voyez Jules et Clarie, fils et fille de mon intendant. C'est par mon ordre et pour vous éprouver que, sous les haillons d'une feinte misère, ils vous ont demandé, ce matin, des secours. Je savais que votre père vous avait donné de l'argent; j'espérais qu'en cette occasion vous en feriez un noble usage. Vous avez trompé mon attente; vous avez refusé, repoussé, maltraité même ces faux indigens. Je vous en ai punis en vous privant des étrennes que je vous réservais. Clarie a le collier que je destinais à Julie, et j'ai donné à Jules la montre que j'avais achetée pour Auguste. Ah! monsieur Auguste, et vous, mademoiselle Julie, au sein de l'opulence, comblés d'or, de présens, de cadeaux de toute espèce, vous rebutez, vous humiliez, vous insultez les malheureux! *Allez vous chauffer au soleil*, leur dites vous! Eh bien! l'un n'aura plus besoin, pour savoir l'heure, de consulter le soleil, et l'autre n'ira que pour y voir briller son charmant collier. Tel est le juste châtiment de votre inhumanité. N'en parlons plus, et dînons.

Auguste et Julie sentirent qu'ils

avaient mérité cet affront. Ils pleurèrent, mais inutilement. Leur grand-papa resta inébranlable jusqu'au moment où l'on vit entrer la mère Berthe. Cette bonne femme venait rapporter à M. de Mercour le double louis dont elle supposait qu'Auguste n'avait pas eu le droit de disposer. Elle raconta la manière dont cette pièce d'or lui avait été donnée, et chacun, enchanté d'un si beau trait d'attachement et de générosité, supplia le vieux baron de révoquer son arrêt. Le vieillard sentit en effet, que si Auguste avait refusé des gens qu'il ne connaissait pas, ce n'était que pour obliger des personnes qu'il affectionnait davantage. En conséquence, le baron prit la parole en ces termes : Je pourrais garder ma sévérité et laisser les choses dans l'état où elles sont; car l'obligeance envers les uns n'efface pas l'énorme faute de l'inhumanité envers les autres; mais c'est aujourd'hui le premier jour de l'année, et je veux que, signalée par l'indulgence, elle commence heureusement. Ainsi, mère Berthe, gardez la pièce d'or de mon petit-fils. Vous, Jules, et vous, Clarie, rendez-moi la montre et le collier; demain je vous prierai d'en accepter d'autres; mais ceux-ci étaient destinés à mes petits-enfans. Je les leur donne. Voilà ta montre, Auguste ; Julie, mets ce collier à ton cou. Soyez heureux, enfans, et n'oubliez jamais que le vrai bonheur est dans la bienfaisance, dans les touchantes consolations qu'on doit adresser aux infortunés.

LE PETIT MAITRE JACQUES,

ou

LE CONCILIATEUR INDISCRET.

Belval, ancien bijoutier, s'était, après quinze années de travail, retiré du commerce, non avec une fortune considérable, mais dans l'espoir de vivre aisé et de ne plus songer qu'à l'éducation de son fils Prosper. Prosper avait treize ans, et il était d'autant plus gâté par ses parens qu'il annonçait beaucoup d'esprit et de goût pour s'instruire. Avec cela Belval était attaqué d'une maladie de foie qui le retenait jour et nuit au lit depuis six mois, et madame Belval, mère aussi faible que tendre, s'en reposait presque entièrement sur son fils du soin de tenir la maison. C'était Prosper qui donnait les ordres à la cuisinière, qui comptait avec elle, qui réglait les heures des repas, du coucher, du lever; intelligent à tout, c'était en petit un véritable maître Jacques, tel que Molière l'a tracé dans sa comédie de l'*Avare*.

Belval avait un frère aîné très-pauvre, qui ne subsistait que d'un travail de plume peu lucratif, et plus encore par ses bienfaits. Ce frère, que nous nommerons Belval aîné, était marié et père d'un garçon de seize ans, que Belval jeune avait tenu sur les fonts de baptême, et qu'il aimait beaucoup. Joseph, ainsi s'appelait ce jeune homme, était petit clerc chez un procureur, et tenait tout aussi des bienfaits de son oncle.

Les parens de madame Belval la jeune étaient plus riches que ceux de son mari. Elle avait un frère établi bijoutier, rue Saint-Honoré; une sœur, marchande lingère, cloître Saint-Jacques-l'Hôpital; une autre sœur, limonadière, au Palais-Royal, et un oncle, riche marchand de nouveautés, passage du Panorama. Tous ces parens-là chérissaient Prosper comme leur propre fils, et partageaient même la faiblesse que sa mère avait pour lui.

Prosper, n'oubliant pas que le 23 de décembre était le jour de la fête de sa mère, qui s'appelait Adélaïde, invita tous les parens que nous venons de citer à dîner en famille *chez lui*, c'est ainsi qu'il s'exprimait. La réunion fut complète et très-gaie, mais jusqu'au dessert seulement. Ce fut alors que Belval jeune, auprès du lit duquel on dînait, demanda à son neveu Joseph ce qu'il avait fait d'une montre et d'une chaîne d'or qu'il lui avait données au mois de janvier précédent pour ses étrennes. Joseph rougit; son père et sa mère balbutièrent, et Belval, qui savait tout, gronda l'imprudent Joseph qui, ayant fait une partie de plaisir avec deux de ses amis, avait été obligé de laisser sa montre et sa chaîne en gage, entre les mains d'un traiteur, pour trente francs qu'il n'avait pas pu payer. Belval aîné et sa femme avaient déjà reproché cette action à leur fils; mais quand ils virent que leur frère Belval jeune se mettait dans une véritable colère, la peur qu'il ne retirât ses bontés à leur cher Joseph mit leur prudence en défaut, et ils firent pour cela justement tout ce qu'il fallait faire. Ils soutinrent leur fils ; ils s'emportèrent à leur tour. Le bijoutier, la lingère, la limonadière et le marchand de nouveautés s'en mêlèrent, prirent parti pour ou contre, et Belval jeune, au comble de la colère, finit par les envoyer tous promener. Les marchands sortirent en jurant qu'ils ne remettraient plus le pied chez lui. Belval aîné, sa femme et son fils se retirèrent désespérés, et Prosper versa des larmes en voyant ainsi toute sa famille brouillée.

Il réfléchit cependant, et trouva bientôt le moyen de réconcilier ces parens, unis jusqu'alors, mais aigris seulement par des emportemens plus que par des motifs sérieux. Prosper attendit le jour de l'an pour cela, et voici comment il s'y prit.

Ce jour-là, dès le matin, il courut chez le bijoutier. Bonjour, mon oncle : je viens vous souhaiter la bonne année.—Ah! te voilà! Je m'étonne que ton père t'ait envoyé ici, d'après sa scène de l'autre jour....— Oh! il n'est plus du tout en colère. Il n'en a plus la force, hélas! je suis sur le point de le perdre. — Comment cela? Est-il plus mal ? — Oh! au plus bas; ce soir on doit l'administrer. — O mon Dieu! —Et cette nuit....

— Arrête; tu me fais frémir. — Si vous voulez le voir, vous n'avez pas un moment à perdre. — J'y cours. — Attendez; il ne sera visible qu'à midi. — A midi, je serai chez lui. — Adieu, mon oncle. — Tiens, voilà six francs pour tes étrennes. — Merci, mon oncle.

Bonjour, ma tante. Comme votre café est plein, ce matin! — Tant miéux, mon enfant. Une limonadière a fort à faire un jour comme aujourd'hui; il vient tant de monde à ce Palais-Royal! Mais, dis-moi; est-ce ton brutal de père qui t'envoie, ou si tu viens de toi-même? — C'est de mon chef, ma tante, que je viens vous souhaiter la bonne année. Mon pauvre père est bien mal. La scène de l'autre jour l'a mis aux portes du tombeau. Son confesseur est en ce moment avec lui et veut absolument qu'il soit administré tantôt. — Tu m'effraies; il y a donc du danger ? Oh! je veux le voir. J'irai quand le fort de la vente sera passé, vers deux heures. — Ne lui parlez pas de sa vivacité ; vous m'entendez ? — Je m'en garderai bien. Il faudrait être d'une inhumanité !.... Mais range-toi; tu gênes les consommateurs qui entrent en foule. Tiens, voilà six francs; va-t'en; à tantôt. — Bien obligé, ma tante.

Oh! mon oncle, qu'il est beau ce passage du Panorama, et que vous avez une boutique garnie de superbes schalls, de magnifiques marchandises! Pourquoi mon père ne peut-il venir vous voir! il est si fâché de sa grande colère de l'autre soir? — Tu crois qu'il s'en repent, lui? — Il le faut bien. Il va recevoir le bon Dieu ce soir, et il veut se réconcilier avec tous ses ennemis. — Je ne suis point son ennemi. Seulement il a maltraité devant moi son pauvre frère, et j'ai dû prendre le parti du plus faible. — Prouvez-lui donc, mon oncle, que vous lui pardonnez, en venant le voir, en vous réconciliant avec lui.—J'irai, mon cher Prosper. J'irai avant mon dîner. Le pauvre homme! Si sa femme, ma malheureuse nièce, le perdait, elle en mourrait. — Oh! oui, maman en mourrait!

Prosper reçut encore six francs de ce bon oncle, et pareille somme de sa tante la lingère, qu'il fut visiter aussi, à laquelle il fit le même mensonge, et qui lui promit également de venir voir son père.

La dernière visite de Prosper fut pour son oncle paternel, Belval l'aîné, qu'il engagea à venir voir son père, avec Joseph, les assurant qu'il ne gardait plus le moindre ressentiment contre eux.

Rentré à la maison, Prosper avoua à son père qu'il avait rendu visite à ses parens; mais il lui jura que tous étaient bien repentans des sottises qu'ils lui avaient faites, et qu'ils ne tarderaient pas à venir lui en demander pardon. Le moribond, surpris d'abord, promit ensuite que s'ils se présentaient tels qu'on les dépeignait, il leur ferait le plus doux accueil. Sur cette assurance, Prosper attendit l'effet de sa ruse, ce qui ne tarda pas. Le bijoutier, le marchand du Panorama, la lingère, la limonadière, vinrent l'un après l'autre, et le prièrent de vouloir bien oublier, en ce jour, ce qu'il avait pu trouver de choquant dans leur conduite. Par ces mots *en ce jour* ils entendaient parler du dernier pour leur parent, de celui où il allait peut-être mourir; mais Belval jeune crut qu'ils voulaient citer le premier jour de l'an, qui doit éteindre les animosités, et réunir les familles. Prosper riait sous cape de voir le repentir, les regrets douloureux des uns et la confiance touchante que son père mettait à recevoir leurs excuses, à s'accuser lui-même pour diminuer des torts qu'ils avouaient avec trop de franchise.

Belval jeune pardonna de même à son frère, à son neveu Joseph, et, pour terminer cette réconciliation par un acte de générosité, Prosper dit à son cousin : Ah ça, Joseph, ta montre est encore chez ce juif de traiteur? viens avec moi, allons la dégager. Grâce à l'écu de six livres que papa m'a donné ce matin, et aux autres étrennes que j'ai reçues chez mes oncles et mes tantes, je possède à présent trente francs! c'est la somme qu'il faut pour retirer ta montre et ta chaîne. Courons, volons, allons vite.

Ce trait de désintéressement charma Belval jeune. Il ne voulut pas que son cher Prosper se dessaisît de ses étrennes, et il donna à Joseph le double de la somme qu'il lui fallait, afin que ce jeune homme se ressentît du bonheur d'une réconciliation que personne ne savait être l'ouvrage d'un enfant de treize ans. On l'aurait grondé sans doute de s'être mêlé d'une négociation au-dessus de son âge, et surtout d'avoir fait un gros mensonge pour y réussir ; mais, s'il fut indiscret dans sa conduite, son but fut louable, et un bon cœur fait pardonner bien des choses.

CHAPITRE II.

L'ÉPIPHANIE,

ou

LES ROIS.

Le Maître de mathématiques.

M. Nouaille avait chez lui huit enfans de familles distinguées, qui lui payaient une forte pension, et auxquels il enseignait les mathématiques. M. Nouaille était plutôt le père que le maître de ses élèves; il ne laissait passer aucune fête de l'année sans la leur faire chômer avec autant de luxe et de liberté que s'ils eussent été chez leurs parens, et il saisissait toujours les occasions d'appliquer leurs diverses observations à la science qu'il leur apprenait. Un jour des rois, M. Nouaille ayant invité trois de ses amis à dîner avec lui et ses écoliers, la cuisinière mit sur la table un gâteau à la fève, qui pouvait avoir huit pouces de diamètre, et par conséquent vingt-quatre pouces et un septième de circonférence. Comme il prenait le couteau pour le couper en douze parts égales, le plus jeune de ses élèves, nommé le chevalier d'Aricour, âgé de quatorze ans, craignant d'en avoir trop peu, s'écria :

Arrêtez, monsieur! permettez que je vous fasse une proposition relativement à ce gâteau! — Laquelle, mon ami? — Ce serait de faire une règle de proportion, et d'en couper les parts plus ou moins grandes, suivant les âges plus ou moins avancés de chacun de vos convives. — Une règle de proportion! — Oui, M. Nouaille; je me charge de la faire. — Volontiers, chevalier. Nous sommes douze, chacun de nous dira son âge, que nous distinguerons par A, C, E, G, etc., et les douze parts de ce gâteau seront B, D, F, H, ainsi de suite.

M. Nouaille sentit que l'enfant, abusé par un excès de gourmandise, ne réfléchissait pas sur le résultat de sa règle de proportion. Il la lui laissa faire. Le jeune chevalier inscrivit les âges de chacun des convives, et après avoir tracé A *est* à B, C *est* à D, E *est* à F comme C, etc., il en résulta que le plus âgé de la société eut près de la moitié du gâteau; l'autre moitié fut partagée entre les onze autres, et le pauvre petit d'Aricour en eut à peu près l'épaisseur d'une lame de couteau.

Il sentit sa faute, mais il était trop tard; et ses jeunes camarades, dont les parts n'avaient guère été plus fortes que la sienne, s'en consolèrent en se moquant de lui pendant toute l'année.

LES ROIS.

Severin ou la Belle-Mère.

SÉVERIN,

OU

LA BELLE-MÈRE.

Il est un genre d'abus que, comme moralistes de l'enfance, nous devons signaler à la société : c'est cette espèce d'odieux qu'on attache au nom de belle-mère. Il est d'usage, dans le monde, dans les romans et au théâtre, de regarder une belle-mère comme un être méchant, haineux, vindicatif, comme le véritable fléau des enfans d'un autre lit. Aux yeux de certaines gens, qui dit une belle-mère, dit un monstre, et les enfans du premier lien sont presque toujours prévenus par leurs parens ou par des commères, que la nouvelle épouse de leur père sera pour eux une mégère, un tyran; qu'elle les détestera, les fera gronder, corriger, punir, et peut-être chasser de la maison paternelle. De là naissent des méfiances, et par suite des désobéissances, des humeurs, des haines dans le cœur des enfans. Leur belle-mère s'en aperçoit, croit en être abhorrée, et agit en conséquence. C'est ainsi qu'arrive le mal qu'on redoutait, et que la prédiction s'accomplit. L'histoire suivante va nous en donner une preuve convaincante.

M. de Lisange était d'une famille noble, mais peu fortunée. Il avait dix-neuf ans lorsque son père, vieux militaire, qui avait été blessé dans vingt campagnes, sentant sa fin s'approcher, voulut le marier à la fille d'un de ses amis, mort à ses côtés sur le champ de bataille. Il avait promis à cet ami d'adopter sa fille, de l'unir à son fils, et il exigeait que le jeune de Lisange ratifiât sa promesse par un hymen prochain. Le jeune homme avait fait la connaissance de la jeune Anne d'Ormont, riche héritière, aussi belle que vertueuse; il l'aimait, il en était aimé, et il détestait Mélanie, sa prétendue, qui était laide, impérieuse et méchante. Il voulut représenter à son père qu'il ferait un mariage bien plus avantageux, en épousant mademoiselle d'Ormont; le père, qui tenait à sa parole, insista, et de Lisange, sachant qu'un fils respectueux, soumis, doit obéir en tout point à l'auteur de ses jours, devint, malgré lui, l'époux de Mélanie.

Cet hymen fut malheureux de toutes les manières. Quoique Mélanie eût donné, dès la première année, le jour à un fils, les doux liens d'épouse et de mère ne purent adoucir son caractère acariâtre et jaloux. Elle fit le tourment de son époux, et mourut au bout de neuf ans de mariage, à la suite d'un accès de colère auquel elle s'était livrée contre lui.

M. de Lisange, resté veuf avec un fils, et presque ruiné par les caprices de sa défunte femme, ne songea plus qu'à chercher la paix et le bonheur dans la retraite. Il lui restait, pour toute fortune, une métairie située dans la Normandie, près de Dieppe, et qui lui rapportait cent louis de rente. Il résolut de s'y retirer avec son petit Severin, et d'y faire valoir lui-même ses terres, qu'il avait confiées jusqu'alors à un honnête métayer, nommé Marcel. En conséquence, M. de Lisange vend tous ses effets, quitte Paris, et va s'établir à Béville-Saint-Onuphre, petit hameau où était sa propriété. Heureusement pour lui que, désirant s'instruire dans l'art de l'agriculture, il garda près de lui son fidèle Marcel, pour lui en donner des leçons; car le destin, ou plutôt la Providence, devait le faire bientôt sortir de cette situation obscure, peu digne de son éducation et de ses talens. M. de Lisange, qui avait retiré son fils de pension pour l'emmener avec lui, voulut d'abord s'occuper de l'éducation du jeune Severin ; mais, prévenu contre la mère, qui avait rendu le plus malheureux des hommes, il l'était malheureusement aussi contre le fils. Cet enfant offrait tout le portrait de Mélanie, qui était fort laide ; et il semblait annoncer son mauvais caractère. M. de Lisange, le voyant du matin au soir, ne tarda pas à se rebuter, et, désespérant de bien l'élever, il ne l'occupa plus qu'aux travaux grossiers de la terre avec Marcel, à qui il donna tous ses droits sur lui.

Il y avait un an que M. de Lisange demeurait à Béville-Saint-Onuphre, lorsqu'il apprit, par une lettre d'un de ses intimes amis de Paris, que la belle Anne d'Ormont, qu'il adorait toujours au fond de son cœur, venait de perdre son père; qu'elle était libre de sa main; qu'elle ne l'avait donnée à personne, désespérée de n'avoir pu l'offrir au seul homme qu'elle chérissait.

A cette nouvelle, qui réveille toutes ses espérances, M. de Lisange quitte la Normandie, et vole à Paris chez son ami Saint-Hilaire, qui le reçoit avec la plus franche amitié. Tous les deux parlent de mademoiselle d'Ormont, et espèrent la décider à une union depuis si long-temps désirée. Elle a

vingt-six ans, de Lisange en a trente : c'est un mariage bien assorti. Saint-Hilaire est cousin-germain de mademoiselle d'Ormont. Dès le lendemain, il lui présente de Lisange, qu'elle accueille avec tous les sentimens d'une amie tendre et constante. Combien, lui dit-elle, j'ai regretté l'hymen odieux qu'on vous a forcé de contracter! Mon père connaissait ma tendresse pour vous; il vous aurait accepté pour gendre; mais, depuis votre mariage, il n'était plus dans cette louable intention. Plusieurs riches partis recherchaient ma main.....
Mon père était devenu ambitieux dans sa vieillesse : il ne voulait

plus qu'un gendre.... Vous m'entendez?... Oh! mon cher Lisange, la véritable amitié ne connaît point tous ces froids calculs; je vous ai conservé mon cœur, ma main; ils sont à vous.... Mais à propos, n'aviez-vous pas un fils de cette Mélanie?

M. de Lisange, qui croit voir mademoiselle d'Ormont froncer le sourcil en faisant cette question, répond timidement : il est vrai, Mademoiselle.

Elle reprend : Quelqu'un ne m'a-t-il pas dit que cet enfant était mort? — Oh, Mademoiselle! il ne vous importunera jamais. — Importuner n'est pas le mot; mais il est mort? c'est fâcheux, plus pour lui que pour vous, car un nouvel hymen aura peut-être le bonheur de réparer cette perte.

M. de Lisange, qui venait de faire presque un mensonge, s'imagina que ces deux mots, *cette perte*, renfermait de l'ironie relativement au peu d'amabilité de l'enfant, dont on avait pu l'instruire : il se décida sur-le-champ à laisser mademoiselle d'Ormont dans l'erreur où elle était, et à ne jamais lui présenter un fils qui lui faisait si peu d'honneur. Il résolut de l'élever au loin sous un autre nom, et de lui persuader, lorsqu'il aurait l'âge de connaissance, qu'il n'était point le fruit d'un hymen légitime. Ce parti est dur sans doute dans un père ; mais que ne peut la prévention contre un sujet qui d'ailleurs ne donne aucune espèce d'espérance !

Après les formalités d'usage, M. de Lisange devint l'époux de la belle Anne d'Ormont, qui, possédant un revenu annuel de cinquante mille francs, fit, par contrat, à son mari, quatorze mille livres de rente, en cas qu'elle ne vînt à mourir sans lui laisser d'enfant. Madame de Lisange, tout en chérissant son mari, se réserva encore le droit de gérer sa fortune comme elle l'entendrait, sauf à suivre les avis que pourrait lui donner M. de Lisange, qui était un homme de tête et de probité. Mais Anne d'Ormont avait aussi de son côté un caractère ferme et toutes les connaissances nécessaires pour faire valoir ses grands biens. Cela lui nécessitait, tous les ans, des voyages dans les diverses provinces de France où étaient situées ses propriétés.

Cependant M. de Lisange avait déguisé la vérité relativement à son fils ; il fallait qu'il prît les moyens d'empêcher cette vérité d'éclater au jour. En conséquence, il écrivit à Marcel, de la discrétion duquel il était sûr, d'élever le petit

Severin comme un simple paysan; de lui dire qu'il n'était qu'un enfant trouvé, que M. de Lisange avait eu la générosité d'adopter quelque temps, et que son bienfaiteur abandonnait pour jamais. Je ne veux, ajoutait M. de Lisange, le voir de près ni de loin; il me rappelle trop et la laideur et l'odieux caractère de sa mère. Qu'il gagne son pain comme il le pourra, et quant à toi, Marcel, si tu gardes bien mon secret, je te ferai une rente de douze cents francs pendant toute ta vie, ou, si je meurs avant toi, je te laisserai ma métairie, ainsi qu'à Severin, à qui je t'ordonne de toujours servir de père.

Marcel ne connaissait M. de Lisange que depuis cinq à six ans; il n'avait point vu naître le petit Severin, il crut à la fable de l'enfant trouvé, et ne s'en proposa pas moins de l'élever avec la même tendresse que lui auraient prodiguée ses père et mère, s'ils n'eussent pas été forcés, par la misère, sans doute, de l'abandonner. Il s'en attacha davantage à l'enfant, et se promit d'attendre quelques années, avant de lui révéler le secret de sa naissance. Tout ce qu'il crut devoir faire, et ce à quoi il parvint, ce fut de le déshabituer d'appeler M. de Lisange son papa, en lui persuadant que c'était lui,

Marcel, à qui il devait ce nom. Cependant Severin n'en fut pas la dupe, ainsi qu'on le verra dans la suite. Oublions un moment cet enfant, si malheureux d'avoir perdu la tendresse de son père, et revenons à M. de Lisange.

Tout injuste qu'il était, le Ciel, qui avait ses desseins, bénit son mariage, et le rendit père, dès la première année, de deux jumeaux charmans. Ce fut une raison de plus pour lui d'oublier le fruit de son premier lien. Il s'attacha exclusivement à sa nouvelle famille, et commença de très-bonne heure l'éducation de Gustave et de Léon, ses deux fils chéris. A l'âge de huit ans, c'était déjà des petits prodiges de talens, de douceur et de bonté.

A cette époque, M. de Lisange fut attaqué d'une maladie dont les progrès rapides le conduisirent, en peu de jours, aux portes de la mort. Sa femme et ses enfans, inconsolables, le préparèrent, avec peine, à recevoir les derniers secours de la religion. Il s'y détermina; mais quand le ministre des autels lui demanda s'il avait quelques reproches à se faire, il se rappela tout à coup son malheureux fils, qu'il avait abandonné, et se confessa d'une cruauté qu'il regardait alors, avec raison, comme un crime au yeux de Dieu et des hommes. Le saint personnage lui fit promettre de réparer promptement cette faute et ne l'administra qu'à cette condition.

Mais une crise heureuse de la nature ayant rappelé M. de Lisange à la vie, il n'eut pas le courage de tenir sa promesse, ni d'instruire sa femme, qu'il adorait, d'un secret qu'il lui cachait depuis neuf ans.

Dans sa convalescence, cependant, il pensait sans cesse au pauvre Severin ; il le voyait bêchant la terre, gagnant son pain à la sueur de son front. Il en avait eu dernièrement des nouvelles par

Marcel, qui lui mandait que le jeune homme (il avait alors dix-sept ans), gagnait déjà vingt-cinq sous par jour, et que l'année prochaine, il irait jusqu'à trente ; que, du reste, il était doux, docile ; qu'enfin il priait sans cesse la Providence de lui faire découvrir les auteurs de ses jours et de bénir le bon M. de Lisange, qui avait daigné être le protecteur de son enfance abandonnée.

M. de Lisange ne pouvait prendre sur lui de découvrir à sa femme que son fils existait ; mais il se promettait d'adoucir le sort de ce fils, qui n'avait pas mérité sa disgrâce, et de lui faire une bonne rente pour le reste de ses jours.

Quand il eut assez de force pour se promener dans ses appartemens, madame de Lisange le confia aux soins d'amis sûrs, et fit avec ses deux enfans un petit voyage de quatre jours, dont elle avait besoin pour terminer quelques affaires et respirer un peu le bon air, ayant constamment passé les jours et les nuits au chevet du lit de son cher malade. On était alors à la fin de décembre ; elle revint la veille même des Rois, et il fut convenu que, le lendemain, on réunirait les parens, les amis les plus intimes pour tirer le gâteau et donner une petite fête en réjouissance de l'heureux rétablissement du maître de la maison.

Le jour de l'Épiphanie donc, il se trouva chez lui, à table, seize personnes, toutes choisies et chérissant également le couple heureux que le Ciel venait de joindre pour la seconde fois.

Au dessert, et suivant l'antique usage de nos pères, on apporta un énorme gâteau à la fève que madame de Lisange se chargea de couper. Elle compta d'abord son monde, et, voyant qu'on était vingt personnes, y compris son mari, elle et ses deux enfans, elle coupa des parts en conséquence. Quand cela fut fait, M. de Lisange dit :

Un moment, s'il vous plaît; je vois certain sourire malin sur les lèvres de ma femme et sur celles de nos amis; cela prouve qu'on a l'intention de me faire donner la fève : cela ne serait pas juste; il faut que le hasard seul en décide. Voyons que je compte et que j'examine toutes les parts, pour juger s'il n'y a pas quelque signe visible ou palpable pour l'enfant qui va les tirer.

M. de Lisange compte les parts, et en trouve vingt-une. Madame de Lisange s'est trompée, dit-il, il y a une part de trop. — Je ne me suis pas trompée, répond en souriant madame de Lisange. —

Mais, ma chère amie, nous ne sommes que vingt; cette vingt-unième est par conséquent....:.......
— Pour l'absent. — Pour l'absent? Quel absent, ma chère femme?— Eh, mais, le.... pauvre Severin.— Severin!

Ce nom de Severin est un coup de foudre pour ce père coupable. Il se voit découvert; il pâlit, il interroge les yeux de sa femme, qui, pour ne pas lui causer une trop forte révolution, se hâte de lui répliquer : Oui, mon cher Lisange, cet absent, c'est ton fils, c'est le mien; car, depuis long-temps, je lui sers de mère, et je me croirai trop heureuse si je puis lui faire recouvrer le cœur de son père. — Comment, mon Annette, tu savais?.... — Je ne te ferai point de reproches sur l'erreur dans laquelle tu m'as jetée ; c'est une faute sans doute, et elle est si injurieuse pour mon cœur, que je ne te la pardonnerais pas si elle n'avait pris sa source dans l'excès de ta tendresse pour moi. Tu craignais de m'importuner, de m'affliger, de me perdre peut-être ; tu me connaissais bien peu ! En t'aimant, j'aurais aimé tout ce qui t'eût appartenu. Ton fils eût été le mien ! Il l'est, cher Lisange, il le sera toujours ; et si tu n'avais que moi à redouter pour l'introduire chez toi, cet obstacle insensé est levé, ton fils est ici. — Ici? — Je l'y ai amené hier avec moi. Léon, Gustave, allez chercher votre frère.

Les deux enfans ouvrent une porte, et Severin paraît en effet aux yeux de M. de Lisange, aussi étonné que confondu.

Le jeune homme est vêtu avec une élégante recherche. Il se jette aux pieds de son père et couvre de baisers ses mains qu'il arrose de larmes, en s'écriant : Mon père, mon père, repousserez-vous encore votre fils !

Madame de Lisange passe ses deux mains autour du cou de son mari, qu'elle regarde avec attendrissement. Gustave et Léon sont à genoux près de leur frère, en élevant les bras vers M. de Lisange, et la société, debout, semble prendre le plus vif intérêt à cette scène de famille.

Eh quoi ! s'écrie M. de Lisange, vous avez tous l'air de me demander un pardon que je dois seul réclamer ! S'il y a ici un coupable, c'est moi, et la victime, la voilà. Pauvre Severin, mon fils! et toi, femme adorable! n'abusez pas de vos droits sur un père injuste. Vous me rendez un bien inestimable, que j'ai long-temps dédaigné; c'est me prouver assez que vous me pardonnez. N'est-il pas vrai que vous me pardonnez?

Chacun serre M. de Lisange dans ses bras, et il presse sur son cœur son cher Severin, en lui disant : Comment, mon fils, es-tu rendu à un père aveuglé par la plus injuste prévention ? Quel ange tutélaire a pu.....

Le voilà! s'écrie le jeune homme en montrant madame de Lisange. C'est votre épouse, c'est ma seconde mère, qui m'a rendu votre cœur. Souffrez que je vous raconte.....

Madame de Lisange se hâte d'interrompre Severin. Remettons ce récit, dit-elle, à un autre moment : celui-ci ne doit être qu'à la joie, au bonheur, au plaisir. Voilà nos amis, voilà le gâteau des Rois. Lisange, tu permets que ton fils prenne la part destinée à l'absent? Allons, à table, à table, et dépêchons-nous; car il va nous venir beaucoup de monde pour le bal, pour le feu d'artifice. Aujourd'hui, jour de la réconciliation d'un bon fils avec un tendre père, j'ai voulu donner une fête complète.

Madame de Lisange avait tout arrangé en effet pour que ce jour fût rempli par mille agrémens de toute espèce; et, quoiqu'on fût dans le cœur de l'hiver, sa petite fête, son feu d'artifice extérieur, vu des croisées du salon de danse, tout alla très-bien. D'abord, pendant la fin du dîner, Severin fit preuve, en parlant, d'une éducation et d'un esprit peu communs, ce qui surprit étrangement M. de Lisange, qui le croyait aussi rustaut que Marcel, à qui il l'avait confié.

Il passa ensuite au piano, où il exécuta des sonates très-difficiles. Au bal, il dansa avec une grâce toute particulière. Sa taille était fort belle ; sa figure offrait bien encore quelques traits de sa mère, mais ils étaient embellis par d'autres, et il régnait sur tous un air de douceur, de bonté, de candeur, qui leur donnait de l'expression et un charme séduisant. Il fit l'admiration de tout le monde; il se montra poli, galant, complaisant, prévenant, et son père ne put se pardonner de s'être privé si long-temps d'un sujet aussi intéressant.

La fête s'étant prolongée dans la nuit, ce ne fut que le lendemain matin que M. de Lisange, seul avec Severin, lui demanda la cause de l'étonnant changement qui s'était opéré en lui. Le jeune homme lui fit le récit suivant :

« Mon père (car vous m'avez permis ce nom, qui ne flatta mon oreille que dans ma tendre enfance), mon père, apprenez donc, et les fautes impardonnables de votre fils, et la conduite généreuse de votre vertueuse épouse.

» Lorsque vous contractâtes ce second mariage, j'étais déjà abandonné par vous, livré aux soins de Marcel, et partageant ses rustiques travaux, ce qui ne me chagrinait, ni ne m'humiliait, attendu que, dans mon heureuse ignorance, je ne pouvais juger ni des choses, ni des événemens. Seulement, dans les premiers jours de votre départ, je voyais Marcel triste, silencieux; il m'embrassait souvent en pleurant; et, lorsque je lui demandais la cause de ses larmes, il ne pouvait que me dire : Pauvre enfant ! malheureux Severin ! Le Ciel te devait-il un père aussi dur ?

» Quelque temps après, il devint plus soucieux, il redoubla ses caresses, et me dit un soir : Severin, il faut te préparer au coup le plus cruel ; ton père va te donner une belle-mère.

» Je lui répondis, dans mon ingénuité : Marcel, qu'est-ce que c'est qu'une belle-mère ? — Une belle-mère, c'est une marâtre. — Je sais encore moins ce que c'est qu'une marâtre. — Pauvre enfant, puisses-tu toujours l'ignorer ! — Mais encore, bon Marcel ? — Je veux dire, Severin, que ton père va se remarier, qu'il épouse une jeune personne dont il aura des enfans, et par conséquent tu seras moins que jamais à ses yeux. — Pourquoi? Marcel; ne serai-je pas toujours son fils? — Oui; mais il cessera d'être ton père. — Cela se peut-il? La nature ne lui a-t-elle pas donné pour toujours ce titre saint et impérissable? — Sa femme le lui fera oublier. Tiens, Severin, j'ai eu une belle-mère, moi; c'est-à-dire qu'après la mort de celle à qui je devais le jour, mon père s'est remarié, à qui, mon bon Dieu? à la femme la plus méchante, la

7*

plus acariâtre, à une véritable furie! Nous étions cinq enfans du premier lit; eh bien! elle nous a tous fait mettre à la porte, jusqu'à moi qui n'avais que ton âge, et je fus obligé de mendier mon pain, quoique mon père fût un riche fermier. Elle donna à mon père d'autres enfans qu'il affectionna plus que ses premiers. Mon frère aîné s'enrôla de désespoir, et fut tué à l'armée; ma sœur la plus grande en mourut de douleur; une cadette se jeta dans des vices honteux; et le quatrième enfant, qui était un garçon, notre mégère eut la cruauté de le faire entrer comme mousse dans la marine, où il mourut sur mer. Voilà ce que c'est que les belles-mères, mon pauvre enfant; car c'est à peu près là le portrait de toutes celles qui épousent des hommes veufs avec des enfans.

» Ce tableau, tracé avec humeur par Marcel, m'effraya tellement que je ne fis qu'en rêver toutes les nuits. Marcel ne tarda pas à être bien fâché de ce qu'il m'avait dit; car, lorsqu'il reçut votre lettre où vous lui ordonniez de me faire accroire que je n'étais pas votre fils, il s'y prit avec tant de gaucherie, qu'il ne me persuada nullement. Au contraire, je devins furieux contre votre épouse, que je jugeai être une belle-mère comme celle de Marcel, et, dans mon désespoir, j'eus l'indiscrétion, ou plutôt l'injustice de lui écrire une lettre.... que vous allez connaître, car j'en ai conservé la copie. Le style est digne de l'âge que j'avais alors, et de la situation dans laquelle je croyais me trouver.

MADAME,

On dit que vous êtes devenue ma belle-mère, que vous avez épousé mon père, et que, comme tant d'autres, vous allez lui donner des enfans qui me feront tout-à-fait bannir de son souvenir et de son cœur. Jugez, d'après cela, si je peux vous aimer!! Quant à vous, vous pouvez détester tant qu'il vous plaira le fils de votre mari et de la malheureuse Mélanie; mais, s'il vous reste un peu de sensibilité, j'ose vous conjurer de ne me point faire enrôler, ni partir comme mousse sur la mer, où je mourrais, ni surtout de me forcer à me jeter dans le vice, ce qui est le crime que je redoute le plus. Car on dit que c'est là ce que font éprouver les belles-mères aux premiers enfans de leurs maris.

Après cette prière, madame, je suis votre serviteur,

Severin-Jules de Lisance.

» Cette lettre partie, je fus bien étonné, un mois après, de recevoir la visite d'une dame toute brillante de parure et de diamans. Marcel était avec moi; nous la vîmes entrer, et elle dit à Marcel : N'est-ce pas là le jeune Severin, le fils de M. de Lisange?

» Oui, madame, c'est lui, répondit Marcel. — De grâce, mon ami, dites-lui qu'il sorte un moment, afin que je puisse vous parler en particulier.

» Marcel m'ordonna d'aller dans la cour, où je restai bien long-temps sans qu'il me rappelât. A la fin, il me fit rentrer, et me dit devant la dame : Mon pauvre Severin, mon cher enfant! le Ciel te prend enfin en pitié. Remercie madame; elle vient pour te combler de bienfaits.

» Je me hasardai à demander : Quelle est donc madame, mon bon Marcel ?

» Elle répondit : Je suis, mon petit homme, la dame à qui tu as écrit cette lettre, cette lettre que je te pardonne. Tu rougis, tu pâlis tour à tour. Rassure-toi, mon ami; je ne viens pas pour t'en faire des reproches, mais pour te prouver que tu m'as aussi mal connue que jugée. J'ignorais que tu existasses; ton père, par une délicatesse mal entendue, dont je ne puis à présent t'expliquer le motif, m'avait fait accroire que tu étais mort. Tu vois que je ne pouvais ni penser à toi, ni m'occuper de toi. De tout ce que contient ta lettre, je ne veux retenir qu'une chose, c'est que tu existes, c'est que tu as besoin de ma tendresse et de mes soins; je dois te les prodiguer, pauvre enfant! Si ton père fut injuste, s'il le fut à cause de moi, je veux, je dois réparer ses torts. Tu seras mon fils, le sien, et je veux gagner ton amitié, au point qu'en trompant la nature, tu me regardes comme ta seule, ta véritable mère; mais il faut que tu sois docile, doux, soumis. Me le promets-tu? — Madame! — Marcel vient de m'apprendre qu'il est involontairement la cause de ta haine irréfléchie contre les belles-mères ; mais il te dira, comme moi, que toutes ne sont pas comme la sienne. J'espère t'en donner l'intime persuasion.... Ainsi, voilà qui est décidé. Tu es mon fils dès ce jour; mais, comme M. de Lisange a, dans cette affaire-ci, des torts envers moi, qu'il a méconnue, outragée, par une injuste réserve, nous le laisserons à son tour dans l'erreur où il est; il ignorera jusqu'à nouvel ordre que j'ai découvert son secret. Je vais te faire élever par le digne précepteur d'un frère que j'avais et qui n'est plus. Cet homme respectable, qui est resté l'ami de ma famille, occupe à Rouen, dans le faubourg Saint-Séver, une charmante maison, où je te mettrai en pension. Quant à Marcel, il correspondra avec ton père comme par le passé, en lui persuadant toujours que tu es ici, et je saurai le récompenser de sa discrétion au-delà de toutes ses espérances.

» Jugez, mon père, de l'excès de ma joie, en voyant une dame aussi belle que bonne, qui daignait me protéger, m'élever, me réunir par la suite au digne auteur de mes jours!.... Elle tint sa parole;

elle me plaça chez M. Dupuy, son respectable ami, et là j'appris plusieurs langues mortes et vivantes, l'escrime, la danse, la musique, enfin toutes les sciences, tous les arts qui entrent dans une éducation soignée, et j'ose croire que les progrès que j'y fis, autant par reconnaissance que par zèle, ont eu le bonheur de plaire à ma bienfaitrice; car, dans toutes les visites qu'elle a eu la bonté de me faire, elle ne m'a jamais grondé que de l'excès de mon activité pour le travail. La voici, mon père, elle entre dans votre cabinet; vous pouvez lui demander si, hors les fautes qui sont attachées à la faiblesse de l'enfance, je n'ai pas répondu, autant que je l'ai pu, aux bontés qu'elle avait pour moi.... Elle est accompagnée de ses deux charmans enfans, qu'elle m'a amenés pour la première fois, avant-hier, à Rouen, où j'ai eu le bonheur d'embrasser des frères aussi tendres, aussi bons pour moi que leur mère.

Sévérin termina ainsi sa narration, qui avait beaucoup ému M. de Lisange. Son épouse vint l'embrasser, en lui disant : Je me suis doutée que ce grand garçon-là te parlait de moi, mon ami, et je n'ai pas voulu assister à son récit; car il m'aura prodigué des louanges bien exagérées, sans doute,

pour des actions toutes naturelles.
— Ces actions, mon Annette, répondit M. de Lisange, sont au-delà de tous éloges ! vous avez fait d'une espèce de rustre, un chef-d'œuvre de talens et d'esprit. Vous m'avez donné un fils charmant. Nous vous devons, lui, une seconde naissance, et moi un troisième enfant, non moins aimable que les vôtres.

Gustave et Léon étaient dans les bras de leur grand frère, ainsi qu'ils l'appelaient. Ce tableau touchant ravit M. de Lisange qui s'écria : Enfans ! puissiez-vous vous aimer toujours ainsi, surtout Gustave et Léon, quand vous vous verrez dans la prospérité ; car, un jour, vous serez plus riches que Severin, et alors, s'il a besoin de vous.... — Que dites-vous là ? interrompit madame de Lisange. Votre fils moins riche que les miens. Laisserai-je mon ouvrage aussi imparfait ? Non, mon ami ; vous savez que sur mon revenu de cinquante mille francs il vous en revient quatorze mille à mon décès. J'ai partagé le reste en trois portions égales, ce qui fera douze mille livres de rente à Severin, ainsi qu'à chacun de ses deux frères. Mon notaire sort de chez moi ;

il en adressé, pour votre fils, le contrat que voici.

Madame de Lisange mettait ainsi le comble à ses bienfaits. Tout le monde l'en remercia, et tout le monde fut heureux. Elle eut le malheur de mourir la première, pleurée et généralement regrettée. Severin unit sa fortune à celle de son père. Gustave, Léon, voulurent vivre en commun avec ces excellens parens. Les trois jeunes gens se marièrent, restèrent encore avec leurs épouses auprès de leur respectable père, et tous les ans, le jour de l'Épiphanie, on ne manqua pas de tirer le gâteau, en mémoire de celui qui avait amené un si grand changement dans le sort de Severin et dans les affections de M. de Lisange.

LA SAINT CHARLEMAGNE.

Eugène ou la Cupidité.

CHAPITRE III.

LA SAINT-CHARLEMAGNE.

Eugène, ou la Cupidité.

Mon papa, mon papa, dit Eugène à M. Guillaume, avant que l'on ferme la boutique, et que maman remonte chez elle, j'ai deux mots à vous dire. — Parle, mon fils! — Vous vouliez que je retournasse ce soir à la pension; mais vous ne savez pas que c'est demain congé! — Demain! oh non, c'est aujourd'hui. — Aujourd'hui, papa, c'est le congé ordinaire du jeudi; mais demain, vendredi, on l'a encore toute la journée. — Et pourquoi ? — Parce que c'est *la Saint-Charlemagne*, fête des écoliers, en mémoire du fondateur des lettres, des sciences et de l'instruction en France. — Ah ! ah ! je ne savais pas cela, moi qui suis marchand, qui n'ai jamais étudié que les changes, arbitrages, et les parties doubles. — Comme moi, papa, qui ne connais pas ces belles choses dont vous me parlez là, mais qui en ai appris d'autres que vous ignorez. — Je paie pour cela, monsieur ; il faut bien que vous les appreniez. Enfin, c'est congé demain.

— Oui, papa, et comme toute la pension de M. Dubois va en promenade, les élèves mettent chacun à la masse un écu de six francs, pour faire un petit goûter. — Peste, un petit goûter, avec six francs chacun ! vous êtes cent ; un goûter de six cents francs ! — Oui, papa ; mais on donne aux pauvres tout le long du chemin. — Quand on donnerait..... Mais est-ce vrai, ce que tu me dis là ? est-ce que tous les parens donnent six francs à leurs enfans ? — Oui, papa. Chaque papa donne six francs à son fils pour fêter ce grand jour. Je les ai vus ce matin. Tous en ont, excepté moi. — Oh, oh ! il ne sera pas dit que mon fils ne fera pas comme les autres. Tiens, mon ami, voilà six francs.

M. Guillaume, père d'Eugène, était marchand de draps sous les piliers des halles. C'était un homme borné, mais probe, entièrement livré à son état, dont il était fier, parce qu'il y gagnait beaucoup d'argent, et que l'amour de l'argent était l'unique passion de M. Guillaume. Ce n'était point qu'il fût avare. Au contraire, s'il aimait à gagner, il aimait aussi à dépenser. Il voulait imiter en tout les gens aisés, et il aurait rougi si M. Guillaume n'avait pas fait pour son fils ce que les autres pères de famille faisaient pour les leurs.

Eugène prit donc avec une joie extrême la pièce de six francs que son père lui donnait, et dans ce moment son cousin Saint-Clair entra pour passer la soirée. Saint-Clair était lieutenant dans un régiment d'infanterie. Il avait une belle dragonne en or à son épée. Eugène lui dit : Crois-tu, mon cousin, que je pourrais avoir une dragonne en or comme la tienne, avec cette pièce de six francs ? — Enfant que tu es, lui répondit Saint-Clair, à quatorze ans, tu fais une pareille question ? Mais, est-ce que tu veux toujours être militaire ?

Il est fou plus que jamais de cet état-là, interrompt M. Guillaume, en haussant les épaules ! Ce petit drôle ne me parle que de cela, et quand nous le grondons, sa mère et moi, il nous menace toujours d'aller s'enrôler. — Bon, mon oncle, est-ce qu'on l'enrôlerait à son âge ? — Je le sais bien ; mais tôt ou tard il est capable d'en faire la folie.

Eugène répond en secouant la tête d'un petit air décidé : Oui, papa, je la ferai. Quand je serai plus grand, je vous préviens d'abord que je m'engagerai.

L'entendez-vous ? réplique M. Guillaume, avec humeur. Toi,

fils, petit-fils, arrière-petit-fils de marchands de drap, toi qui descends en droite ligne de ce fameux M. Guillaume, qui fut si indignement volé d'une pièce de drap couleur marron, par un famélique d'avocat, nommé si justement M. Patelin! tu voudrais déroger d'un état si honorable !

Je vous demande pardon, mon oncle, répart Saint-Clair ; l'épée ne fait point déroger, elle est le soutien du commerce. — Oh, mon Dieu! mon neveu, fais donc l'éloge de l'épée. Eugène va ouvrir de grandes oreilles pour t'écouter! Il en a une petite épée, qui est longue comme la moitié de mon bras ; quand il est ici, il ne fait que bretailler ; il en frappe à droite, à gauche, et d'estoc et de taille ! il n'y a pas un coin de mon appartement qui n'en soit marqué ; quelque jour il me brisera mon beau cabaret de porcelaine qui est sur la commode de notre chambre à coucher. — Eh bien ! mon oncle, c'est qu'il a le goût des armes. Confiez-le moi pendant quelques mois ; je lui apprendrai l'escrime ; je l'essaierai ; je verrai s'il a réellement des dispositions pour être militaire. — Ma foi, je le veux bien, mon neveu ! au bout du compte, qu'il soit militaire, s'il le veut tant ! J'éleverai au commerce son jeune frère Adrien, et dans les deux j'aurai peut-être un successeur à mon magasin. Voilà ma femme qui entre, je vais lui en parler.

Madame Guillaume, bonne femme qui est toujours de l'avis de son mari, consent à la proposition. Eugène est enchanté; Saint-Clair, en homme enthousiasmé de son état, est ravi de faire un élève; tout le monde est content, et il est convenu que, le surlendemain même, Eugène sorttira de la pension de M. Dubois pour entrer chez son cousin Saint-Clair. On laisse à Eugène la journée de demain, attendu que c'est grand congé et fête des écoliers. Eugène passe la nuit chez son père, et doit aller de grand matin à sa pension, rue des Postes, pour partir en cortége avec ses camarades. Mais que fait mon petit gaillard?

Eugène a débité un gros mensonge au bon M. Guillaume. On n'a point demandé six francs à chaque écolier de M. Dubois pour un prétendu goûter. C'est Eugène qui a imaginé cette ruse pour tirer une grosse pièce de la bourse de son père, et pour s'en servir comme on va le voir.

Il se lève en effet de grand matin ; mais c'est pour aller acheter une quantité de pains d'épices, de friandises, comme sucre d'orge, bonbons, anis, jus de réglisse. Il joint à cela des petites croix, des petits soldats en étain, enfin, un assortiment de mille niaiseries qui sont du goût des enfans. Il emploie sa pièce de six francs à ces diverses acquisitions; puis, ayant eu le soin de se munir d'une grande serviette, il s'en va sur les nouveaux boulevards, près de l'hôpital, où il sait que sa pension passera; il développe sa serviette par terre, étale dessus toutes ses marchandises, et ne doute pas que, pour la singularité du fait, tous ses camarades ne lui en achètent. Ainsi donc il espère doubler au moins son capital, en vendant deux sous ce qui lui a coûté un sou, et ainsi de suite.

Sa petite spéculation réussit en effet. Sa pension arrive; ses camarades le reconnaissent, étouffent de rire en voyant son genre de commerce, et tous achètent en faisant mille plaisanteries. Cependant tout le monde ne devait pas être gai ce jour-là sur les boulevards.

Le papa Guillaume, qui revenait, avec son neveu Saint-Clair de son petit vide-bouteille du Mont-Parnasse, où tous deux avaient déjeûné, reconnaît les maîtres et la pension de son fils; il apprend d'un maître que l'on n'a exigé six francs d'aucun enfant. Il voit le sien, entouré, vendant à l'un du sucre d'orge, à l'autre un joujou; se doutant alors de la ruse qu'a employée son Eugène, il fend la presse, et pénètre jusqu'à lui. Oh, oh, monsieur mon drôle! lui dit-il, vous n'aimiez pas le commerce, et vous vous êtes fait marchand? Écoutez, messieurs les écoliers, écoutez-moi tous; je vais vous raconter une anecdote dont je mettrai sur-le-champ la morale en pratique.

Les écoliers, étonnés, se réunissent autour de M. Guillaume, qui, élevant la voix, leur parle en ces termes : « Vous fêtez aujourd'hui Saint Charlemagne : J'ai lu, dans un gros livre, qu'un jeune abbé auquel ce grand roi venait de donner un évêché, s'en retournant très-satisfait, se fit amener son cheval sous les fenêtres du palais. Quand il le vit à sa portée, il y monta si légèrement que peu s'en fallut qu'il ne sautât par-dessus. L'empereur Charlemagne, qui le vit d'une fenêtre, l'envoya soudain chercher, et lui dit : *Vous savez l'embarras où je suis pour avoir de bonnes troupes de cavalerie. Etant aussi bon écuyer que vous l'êtes, vous seriez fort en état de me servir. J'ai envie de vous retenir à ma suite ; vous m'avez tout l'air de réussir; et d'être encore meilleur cavalier que bon évêque........* Ceci, monsieur mon fils, s'adresse à vous. Je vois, par l'argent que vous tenez dans votre main, que vous n'êtes pas si inepte que vous le pensiez pour le commerce, et que vous serez encore *meilleur marchand que bon militaire.* Aussi, je retire la parole que j'avais donnée à votre cousin : je vous emmène dès aujourd'hui chez moi; vous y serez apprenti, puis commis; et, comme j'ai auné du drap, monsieur Eugène, vous aunerez du drap. Vous ferez ce qu'ont fait tous les Guillaume, vos aïeux, et vous soutiendrez leur réputation acquise par trois cents ans de comptoir. »

M. Guillaume, à ces mots, distribue gratuitement aux écoliers le reste de la marchandise de son fils; il reprend sa serviette, s'empare de la main d'Eugène, et, bon gré, mal gré, il le ramène au comptoir des *Guillaume*, où il doit, pour sa vie, cueillir les mêmes lauriers que ses ancêtres.

LE CARNAVAL.

Le retour du Bal.

CHAPITRE IV.

LE CARNAVAL.

Le Retour du Bal.

Quel temps de folies que celui du carnaval! chaque fois qu'une année me le ramène, je me revois dans mon enfance, et je me rappelle avec plaisir les diverses émotions que cette espèce de Saturnales me faisait éprouver. D'abord, étant tout petit, les masques me faisaient une peur épouvantable; la figure d'un Gille, le masque d'un Arlequin m'arrachaient des cris affreux; je me cachais sous le tablier de ma bonne, ou bien je m'enveloppais de la large pelisse de ma mère, et il fallait absolument qu'on me rentrât à la maison.

A l'âge de sept à huit ans, je me familiarisai avec eux; je ne pouvais plus quitter la porte cochère, et le plus petit polisson, habillé de papiers ou de chiffons, me faisait sauter de joie. Je cherchais un masque dans chaque passant, et, lorsqu'il s'écoulait quelques minutes sans qu'il en vint un, ma figure s'alongeait de tristesse; je devenais sombre, impatient, humoriste; mais je reprenais ma gaîté, ou plutôt mon ivresse, aussitôt que j'apercevais de loin un Arlequin ou un Pierrot.

Deux lustres accomplis me rendirent plus hardi. J'agaçais les masques; j'étais ravi, enchanté quand ils me donnaient des coups de batte. J'imprimais des *rats* sur les robes de mes sœurs, sur le dos de mes frères, et je me faisais ainsi corriger, et mettre en pénitence par mes maîtres ou mes parens. La réunion des masques était alors dans le faubourg Saint-Antoine, depuis la porte qui existait au bout du boulevard jusqu'à la barrière située sur la place du carrefour des rues de Montreuil et de Reuilly. Mes père et mère me menaient là, et rien n'égalait l'immensité des personnes déguisées, qui, à pied ou en fiacre, allaient en troupes, précédées d'un petit fifre bien aigre qui jouait continuellement le même air.

Aujourd'hui, la promenade des masques à Paris est beaucoup plus propre, plus gaie et plus étendue. La rue Saint-Denis, la rue de la Féronnerie, la rue et la porte Saint-Honoré, tous les boulevards du Nord, voilà un beau circuit où les voitures et les piétons peuvent circuler sans danger. Cette promenade peut s'appeler le *Longchamps d'hiver*; car elle est aujourd'hui consacrée plus au luxe qu'au désir de voir des masques. Les plus beaux carrosses, les toilettes les plus brillantes y paraissent comme au bois de Boulogne, et ce qui me charme surtout, c'est la quantité de petits enfans qu'on amoncèle aux portières de chaque voiture. L'attention minutieuse que prêtent ces enfans à tout ce qui se passe, l'hilarité qui colore leurs joues de vermeil, qui anime leurs charmans petits traits, cette joie naïve surtout qui leur fait remuer les bras, jeter des cris à chaque mascarade qui passe; tout cela est touchant pour l'observateur qui aime l'enfance, la nature et ses vives expressions.

C'est ainsi que parlait M. Francour un dimanche gras, à sa femme et à ses enfans. Madame Francour lui répondit : Je partage bien votre opinion, mon ami ; ce doit être un tableau charmant que l'aspect de tous ces enfans. Je ne l'ai jamais vu, puisque j'ai toujours habité la province. Je ne suis à Paris que depuis deux jours, où je vous ai amené nos trois enfans : procurez-moi, ainsi qu'à eux, ce plaisir-là aujourd'hui même. Nous avons notre voiture ; allons voir un peu cette promenade des masques dont on m'a tant parlé.

M. Francour répliqua : Sans doute, ma chère femme, cela n'est pas nouveau pour moi, puisqu'appelé à Paris pour une fonction honorable, j'y suis depuis quatre ans, et que je vous ai prié de venir vous y établir près de moi, lorsque j'ai vu que la multiplicité de mes affaires m'empêcherait de long-temps d'aller vous visiter dans notre hôtel à Bordeaux. Puisque vous êtes arrivée à Paris justement à l'époque des jours gras, je vais me faire un plaisir de vous mener à cette promenade, qui amusera beaucoup Julien, Charles, et notre petite Adèle. De là, nous reviendrons dîner, et nous irons ce soir faire un tour au bal de madame d'Urvilé, qui nous y a invités.

M. et madame Francour avaient, depuis long-temps, à Paris, un fils aîné, âgé de dix-sept ans, et qui était clerc de notaire. Il arriva, embrassa son père, sa mère, ses frères et sœur, et il fut décidé qu'il serait de la partie. Cette promenade, gaie comme elle l'est tous les ans, fit un grand plaisir à madame Francour et à ses trois enfans, qui la voyaient pour la première fois. On en parla beaucoup au dîner; et, comme M. et madame Francour se promirent de nouveau d'aller au bal de madame d'Urvilé, Julien, Adèle et Charles leur demandèrent la permission de se déguiser. Comment, dit M. Francour, que voulez-vous dire par-là ? — Papa, répondit Julien, nous avons vu, dans les voitures, des enfans aussi petits que nous, et qui étaient déguisés en Arlequins, en Gilles, en Bergères. — Y pensez-vous ? Ces enfans-là étaient plus âgés. Vous n'avez que huit ans, Charles en a six et votre sœur sept ; des enfans de votre âge se déguisent dans leur lit. Vous vous coucherez, et votre mère et moi nous irons au bal si cela nous fait plaisir. Avez-vous jamais vu rien de pareil ? Ces morveux-là ! Vouloir se déguiser.

Les trois enfans se levèrent de table en faisant la moue, et descendirent au jardin où ils rencontrèrent Laurent, leur frère aîné. Laurent était un jeune fou qui ne prévoyait jamais les conséquences de ce qu'il faisait. Pour apaiser ses deux frères et sa sœur qui pleuraient, il leur dit : Rassurez-vous, je connais un costumier qui me loue des habits quand je joue la comédie bourgeoise, je vais vous apporter, de chez lui, des habits de caractère. Comment veux-tu te déguiser, Julien ? — En Arlequin. — Et toi, Charles ? — En Pierrot. — Et toi, Adèle ? — En Colombine. — C'est dit, vous aurez tout cela ce soir. Je vais mettre dans vos intérêts Agathe, votre bonne; et, quand notre père et notre mère seront partis pour le bal, elle vous y conduira; nous verrons s'ils vous reconnaîtront.

— Y viens-tu, mon frère, demande Julien ? — Non, lui répond Laurent; il y a un bal chez mon notaire, c'est moi qui en fais les honneurs; mais je viendrai demain, et je saurai l'effet que vous aurez produit.

Les choses se passèrent comme on en était convenu, à l'exception qu'Agathe, craignant avec raison d'être grondée de ses maîtres, leur confia secrètement le petit projet des enfans. M. et madame Francour furent d'abord étonnés; puis ils consentirent en riant à cette surprise qui devait leur apprêter à rire.

Les trois enfans jouèrent très-bien leurs rôles ; ils embrassèrent leur papa, leur maman, et suivirent leur bonne comme pour aller se coucher. M. et madame Francour partirent pour le bal, qu'ils trouvèrent tellement nombreux, qu'à peine pouvait-on s'y coudoyer. Bientôt ils aperçurent leurs trois espiègles, qui, masqués et bien déguisés, étaient blottis dans un coin. Ils passèrent devant eux sans les regarder.

Julien dit naïvement à son frère, à sa sœur : Ne parlons pas; voyons s'ils nous reconnaîtront.... Tiens, ils ne nous ont pas remarqués ; ils sont bien loin, perdus dans la foule : allons les rejoindre.

Ils courent rejoindre M. et madame Francour, et Julien leur dit : Bonjour, papa.

M. Francour lui répond : Qui êtes-vous, mon ami ? — Je suis Julien.

CHARLES.

Je suis Charles.

ADÈLE.

Je suis Adèle.

M. FRANCOUR.

Vous m'en imposez, petits menteurs; Adèle, Charles et Julien sont à présent dans leurs lits, où ils dorment profondément.

JULIEN.

Non, mon papa, je vous assure.....

M. FRANCOUR.

Retirez-vous, imposteurs, retirez-vous, vous dis-je : ou craignez ma colère.

M. et madame Francour s'empressent de se perdre dans la foule, ce qui leur est très-facile, et nos trois enfans ne peuvent plus les y rencontrer. Ils tournent, retournent, visitent les plus petits coins, et, au bout d'un long temps, ils demandent ce que sont devenus M. et madame Francour. On leur répond qu'ils ont rejoint leur voiture, qu'ils sont partis depuis une demi-heure.

Les enfans demandent également Agathe qui les a amenés. Agathe, dit-on, est partie aussi, mais bien avant ses maîtres, du moment qu'elle a eu introduit leurs enfans dans le bal.

Voilà Julien, Adèle et Charles qui se croient abandonnés. Julien s'écrie : Eh bien ! allons-nous-en à notre tour. Quoique je ne sois venu que d'hier dans l'hôtel qu'habite mon papa, je sais bien la rue où il est : c'est la rue..... la rue...., comment donc?.... Eh! c'est la rue de Louis-le-Grand; ce nom est facile à retenir. Il y aura du monde toute la nuit dans Paris, nous demanderons la rue de Louis-le-Grand, on nous l'indiquera; allez, nous retrouverons bien notre chemin.

Julien, sa sœur et son frère sortent du bal : à peine sont-ils dans la rue qu'ils se voient assaillis par une foule de petits polissons qui font retentir à leurs oreilles un vilain cri de carnaval que nous n'osons pas répéter ici. Ils ne peuvent se faire entendre de qui que ce soit : on les suit, on les insulte, on les couvre de *rats* et de boue...

C'est pour le coup qu'ils regrettent bien leur étourderie ?

Pour comble de malheur, il survient une grosse pluie qui disperse tout le monde et les laisse seuls dans les rues. Arlequin, Colombine et Pierrot sont débarrassés de leurs assaillans ; mais ils sont mouillés jusqu'aux os et leurs oripaux sont collés le long de leurs corps et de leurs petites jambes.

Ils s'arrêtent, et se mettent à pleurer amèrement.

Une vieille femme les accoste, les console, et leur demande où elle peut les reconduire. — Oh, madame, que vous seriez bonne ! répond Julien. Nous sommes les enfans de

M. Francour, qui demeure rue de Louis-le-Grand.

— M. Francour, rue de Louis-le-Grand, lui répond la femme, je le connais, c'est ici à deux pas, venez.

La vieille les fait marcher un quart-d'heure; puis dans une rue isolée, elle ouvre une petite porte d'allée qu'elle referme sur eux, en leur disant: Ceci est un passage qui conduit à l'hôtel de votre papa.

Les enfans ont une peur terrible, mais ils n'osent la témoigner.

La vieille ouvre encore une porte, et nos enfans, qui étaient dans l'obscurité, se trouvent avec elle dans une espèce d'écurie éclairée par une lanterne. Ah! mes petits drôles, dit la vieille en roulant des yeux effroyables, je vous tiens! N'espérez pas vous échapper; tout est bien fermé ici, j'en ai les clefs : il faut que je vous déshabille, que je vous prenne toutes vos hardes; après quoi je vous mettrai dans la rue, où vous deviendrez ce que vous pourrez.

Les enfans jettent des cris perçans. La barbare vieille tire d'un tas de foin un grand sabre nu, avec lequel elle les menace de leur couper la tête s'ils ne se déshabillent à l'instant.

Où sommes nous? s'écrient les enfans. Papa! maman! Oh! pourquoi vous avons-nous désobéis ? — Que m'importe, répond la vieille, que vous ayez été désobéissans ? Ce ne sont pas mes affaires; il me faut vos hardes, ou, par la mort !

Elle lève le sabre sur eux..... Ils tombent épouvantés !

A l'instant la porte de l'écurie s'ouvre, et ils voyent paraître leurs père et mère, suivis d'Agathe qui porte des flambeaux. M. et Madame Francour éclatent de rire. Eh bien ! disent-ils, naïf Arlequin, charmant Pierrot, et vous, aimable et jolie Colombine, aurez-vous encore envie d'aller au bal malgré vos parens ?

Quoi, papa, c'est vous ! s'écrient

les enfans en se jetant à ses pieds. — Oui, c'est nous, répond M. Francour. Avez-vous eu une belle peur! Elle a été si grande, à ce qu'il paraît, que vous n'avez pas reconnu cette bonne femme, la portière de mon hôtel, qui vous attendait, par mon ordre, au bas de l'escalier de Madame d'Urvilé. Elle vous a suivis sans que vous la voyiez, et cette petite porte mystérieuse qu'elle vous a ouverte est celle de mon écurie, à côté de la grande porte de l'hôtel. Tout cela s'est fait pour vous punir de votre désobéissance ; mais jugez si tout ceci était réel; si, au lieu de la mère Piquet, c'était une autre femme qui vous eût arrêtés et qui vous eût amenés dans un coupe-gorge ; cela se pouvait ; vous étiez perdus, mes enfans !... Mais c'est une comédie dont le dénoûment n'est point à craindre pour vous. J'avais mis plusieurs personnes dans ma confidence pour vous intriguer tant au bal que dehors. Toutes ont bien joué leurs rôles, surtout la mère Piquet, que je m'étonne toujours que vous n'ayez pas reconnue.

La mère Piquet répond en riant : Cela était difficile, monsieur, vos enfans ne sont entrés ici qu'hier au soir à la nuit fermée. Occupés des masques toute la journée, à peine s'ils m'ont regardée aujourd'hui, d'ailleurs j'avais eu soin, tout à l'heure, de me couvrir la figure avec ce grand capuchon de mon mantelet d'indienne.

Fort bien, reprit le père de famille, l'épreuve a réussi selon mes vœux. Je gronderai votre fou de frère Laurent, comme il le mérite, pour avoir prêté les mains à une pareille équipée. Quant à vous, Pierrot, Arlequin et Colombine, allez vous débarrasser de vos habits mouillés, couchez-vous; et, redevenus demain Charles, Julien et Adèle, n'oubliez jamais que le plus léger acte de désobéissance des enfans envers leurs parens, peut avoir les plus terribles conséquences, surtout dans une grande ville où tant de misérables ne cherchent qu'à profiter des fautes d'autrui.

CHAPITRE V.

LONGCHAMPS.

Nancy.

Encore une partie de carrosse pour les enfans. On en bourre les voitures, et, comme aux jours gras, vous voyez les portières garnies de petites figures bien fraîches, bien roses, bien gaies, et dont l'air de candeur et de santé charme les yeux. Les bokeis, les wiskis, les landaus, les calèches en sont chargés ; c'est autant la fête des enfans que celle de leurs parens. L'observateur, qui étudie ces jolies petites mines, depuis la place Louis XV jusqu'à la porte du village de Longchamps, peut préjuger que la prochaine génération sera d'un beau sang, pleine de vigueur. On m'objectera qu'on ne voit là que les enfans qui se portent bien. Je répondrai que dans un parterre, on a soin de ne conserver que les fleurs les plus belles, et que, malgré les erreurs de la nature, il s'en présente à l'œil une assez grande variété pour faire juger de la force de la végétation.

Du temps que les religieuses de la célèbre abbaye de Longchamps y chantaient les ténèbres avec ces voix pures et célestes, qui offraient au moins un but de curiosité pour y attirer la foule, un jour de Vendredi-Saint, au moment où les plus brillantes sociétés de Paris étaient réunies dans l'église, on vit entrer une petite fille de douze à quatorze ans qui, jetant les hauts cris, vint se précipiter sur les marches de la chapelle de la Vierge. O divine mère de Dieu ! s'écriait-elle, secoure-moi, aide-moi, sauve-moi !

La jeunesse, la charmante figure, et surtout le désespoir de cet enfant, émurent les assistans, qui soudain l'entourèrent en lui demandant ce qui causait sa peine.... Mais la petite, ne voyant personne, n'élevait son cœur, son âme, ses regards que vers Dieu, dont elle implorait la miséricorde. Cependant ses cris devenant plus violens, les gens préposés à la garde de l'église s'approchèrent d'elle pour la faire taire ; leurs avis étant inutiles, l'un d'eux la prit par le bras pour la mettre à la porte.

La petite fille alors opposa une vigoureuse résistance, en s'écriant: Qui osera me chasser du temple du Seigneur ? N'est-il pas ouvert à tout le monde, au faible comme au fort, au petit comme au grand, à l'enfance comme à la vieillesse ? Je prie tout haut ce Dieu de bonté, d'autres le prient tout bas; mais d'autres n'ont pas éprouvé le mal-

heur affreux qui m'accable aujourd'hui, malheur qu'il n'est pas au pouvoir des hommes de réparer....
Pauvre Nancy! pauvre Nancy, que vas-tu devenir ?

Chacun reste saisi d'étonnement, de douleur, et des larmes veulent s'échapper de tous les yeux.

La pauvre Nancy se jette de nouveau au pied de l'autel, et prie en ces termes : Sainte Vierge Marie, daigne me prendre sous ta divine protection! touche le cœur des dames de ce couvent ; qu'elles m'acceptent comme religieuse, et que je pleure à jamais dans l'austérité du cloître la perte de ma malheureuse mère !

Ces tristes accens, cette manière de s'exprimer qui annonce une bonne éducation, fixent l'attention générale. Des âmes charitables imposent silence à ceux qui veulent la renvoyer de l'église, et par la douceur, par le charme de la consolation, on parvient à l'entraîner jusque sur la place, où une grande foule était rassemblée autour d'une femme qui, disait-on, venait de mourir subitement.

C'est ma mère, s'écria Nancy en fendant la presse; c'est ma pauvre mère, qui vient de mourir de fatigue et de besoin.

Parmi les curieux était la comtesse de S****, avec un colonel de ses amis, son fils, et sa fille Amélie, âgée de douze ans. O maman! lui dit Amélie, emmène cette pauvre enfant à l'hôtel; adopte-la, maman, daigne l'adopter; elle sera ma sœur, et le Ciel te bénira de cette belle action. — Je ne puis, lui répondit la comtesse, adopter cette jeune fille sans l'aveu de ton père. Il est à son régiment; il faut au moins que j'aie son consentement : mais je puis être utile à la pauvre Nancy. Je connais l'abbesse de Longchamps ; je vais la faire prier de me permettre d'accompagner cette orpheline jusqu'à son parloir. Colonel, chargez-vous de cette commission.

Les ténèbres étaient finies. L'abbesse, émue elle-même de ce qui venait de se passer dans son église, consentit à voir Nancy, et la comtesse, accompagnée de sa fille, la lui amena.

On apprit, par le récit entrecoupé de sanglots que fit la jeune Nancy, que sa mère, fille d'un baron de Surville, mort sans fortune, avait épousé un chevalier nommé Saint-Phar, père de Nancy, dont elle était devenue veuve au bout de deux ans de mariage. Le désir de procurer un appui à sa fille avait décidé madame de Saint-Phar à épouser en secondes noces un riche négociant nommé Durmer; mais cet homme affreux avait chassé de chez lui la mère, la fille, et ces deux infortunées s'étaient mises en route pour aller à Paris demander justice au roi, en remettant sous les yeux de ce bon roi les services que lui avaient rendus et le baron de Surville et le chevalier de Saint-Phar, père de Nancy. En passant dans une forêt en plein jour, des brigands avaient volé à ces deux femmes tout ce qu'elles possédaient ; la mère en avait été, pendant un mois, malade dans une auberge où on lui avait retenu en sortant les nippes les plus précieuses qu'elle et sa fille portaient. La faim, la fatigue avaient accablé madame de Saint-Phar, au point que sa fille s'était proposé de demander pour elle la charité dans les fêtes de Longchamps. Nancy allait, par piété filiale, surmonter tous les scrupules; mais la malheureuse mère honteuse, humiliée d'une pareille extrémité, avait succombé à l'excès de ses maux et de sa douleur.

La pauvre Nancy, après ce récit pénible, supplia l'abbesse de la recevoir parmi ses religieuses. La comtesse joignit ses prières aux siennes, en disant à l'abbesse : Je sais, madame, qu'elle est bien jeune; mais elle en aura plus de temps pour se préparer à l'auguste sacrifice qu'elle veut faire. Veuillez la recevoir, madame. Je me charge de sa dot, et vous aurez un sujet dont, je le présume du moins, les mœurs, l'esprit et l'éducation ne laissent rien à désirer. Quant au lâche Durmer, je prendrai des renseignemens sur lui, et je saurai le faire punir de sa cruauté.

Madame l'abbesse, sur la recommandation de la comtesse, accepta Nancy, qui resta dès ce moment dans le couvent. Elle obtint que sa malheureuse mère y serait inhumée : et, grandissant en bonté, en piété, en vertus, elle devint par la suite l'exemple de la maison. Elle eut le bonheur de mourir dans un âge très-avancé, laissant le souvenir d'un modèle de toutes les perfections; son nom même, celui de la respectable *mère Saint-Phar*, ainsi qu'on l'appelait, est resté dans la mémoire d'une foule de vieillards, qui l'ont honorée comme une Sainte.

CHAPITRE VI.

LES OEUFS DE PAQUES.

Eh bien, Fanfan! dit M. Brival à son fils, as-tu fini tes préparatifs de voyage? la voiture attend dans la cour, ta mère et tes deux petites sœurs y sont déjà. — Pardonnez-moi, mon papa, répond Fanfan, je suis prêt; je n'ai plus que mon jeu de quilles et ma chapelle à aller chercher. — Laisse ici ta chapelle et ton jeu de quilles ; tu as d'autres joujoux là-bas. Il est vrai, mon papa, que je n'en manque pas à la campagne. — Tu dis cela en soupirant. Tu as l'air tout triste. Est-ce que tu es fâché d'aller à la campagne pour la première fois de l'année, après un hiver qui a été si rude?—Au contraire, mon papa, je suis bien content de ce que nous allons passer la semaine sainte et les fêtes de Pâques à votre belle maison de Saint-Cloud; mais..... c'est que...—Explique-toi avec ton *mais, c'est que?* Tu as un motif secret de regretter Paris! — J'en ai un, mon papa; mais je n'ose vous l'avouer.— Pourquoi? — Oh! vous direz encore que je suis un petit gourmand. — Cela se pourrait bien ; j'ai tant d'occasions, chaque jour, de te faire ce reproche! Cependant, voyons quel est l'objet de ta gourmandise actuelle? Dis-le moi franchement, je ne te gronderai pas.—Vous ne me gronderez pas, mon papa? Cette promesse me rassure, car vous ne m'avez jamais trompé.

L'enfant se rapproche de son père, et lui dit à demi-voix, comme s'il craignait d'être entendu : Mon papa, c'est cette semaine que les cloches vont chercher des œufs rouges. L'année dernière nous étions ici à Paris; à leur retour de Rome, vous savez que j'ai trouvé des gros œufs rouges qu'elles avaient jetés par les cheminées? il y en avait jusque dans le poêle de la salle à manger. — Fort bien. Les cloches t'avaient jeté des œufs, en passant, parce que tu m'avais tenu parole en ne mentant point, en étant sage toute la semaine. Après?—Vous ne devinez pas, mon papa, que, pendant que je serai à la campagne, si elles jettent encore des œufs ici, je ne pourrai ni les ramasser ni les manger? — Voilà la cause de ton chagrin? Rassure-toi; si tu les mérites, elles t'en jetteront aussi bien à Saint-Cloud qu'à Paris.—Mais, est-ce leur chemin pour revenir de Rome? — Rappelle-toi que si le proverbe qui dit *tout chemin mène à Rome* a raison, par conséquent tout chemin est bon aussi pour revenir de Rome à Paris. D'ailleurs ne part-il pas pour ce grand voyage, des cloches de tous les pays, de tous les villages? Celles de Saint-Cloud et des paroisses environnantes s'en iront et reviendront de même. Tu verras de plus passer celles d'une partie de Paris. Oh, ce sera un coup-d'œil bien plus beau, va, avec une vaste étendue de vue, sur une hauteur!

M. Brival, voyant les grands yeux étonnés et ravis que lui ouvrait son fils en l'écoutant avec une crédulité digne de son âge (neuf ans), ne put s'empêcher d'en rire. Il se retourna pour que Fanfan ne le vît pas, et celui-ci le suivit jusqu'à la voiture en sautant de joie, en s'écriant : Oh, maman ! mon papa dit que les cloches seront plus belles à voir partir pour Rome à Saint-Cloud qu'à Paris.

On arriva à la maison de M. Brival, où l'on donna au jeu, à la promenade, tout le temps que laissait libre les cérémonies religieuses de la semaine sainte, auxquelles Mme Brival ne manquait jamais d'assister avec ses trois enfans.

Le jour où les cloches étaient censées partir pour Rome, elle sut si bien les occuper à l'église, qu'elle leur persuada ensuite qu'elles étaient parties pendant l'heure du service divin. J'en suis bien fâché, dit Fanfan ; j'aurais voulu voir le cortége de ces *babillardes* de l'église de Boulogne qui, quelquefois, tintent toutes ensemble de manière à nous étourdir. — Tu les verras revenir, lui dit sa mère en souriant. — Oh ! certainement, maman, car samedi, je ne sortirai pas du jardin, et je m'y placerai en faction dans l'endroit le plus élevé pour n'en pas perdre une seule de vue.

Le samedi arriva. Madame Brival conduisit encore ses trois enfans à l'église, au grand regret de Fanfan, qui néanmoins ne cessa pas de fixer ses regards sur les croisées du temple, et crut, sur l'avis de sa mère, voir en effet une grosse cloche qui fendait les airs : c'était la cime d'un gros arbre qu'un violent coup de vent venait de casser dans un jardin voisin.

De retour à la maison, tous les domestiques entourèrent Fanfan, en lui disant qu'ils avaient vu revenir la cloche de Saint-Cloud, les *babillardes* de Boulogne, et cent autres cloches qui jetaient des œufs rouges tout le long de leur route. Jacques, le fils du valet-de-chambre, et Jeannette ainsi que Marguerite, les deux filles du jardinier, tous enfans à peu près de l'âge de Fanfan, étaient là qui brûlaient comme lui de faire la recherche de ces précieux œufs. Fanfan chercha d'abord dans les cheminées, dans les poêles...; il n'y trouva rien : il était déjà au désespoir.

Sa mère lui dit : Dans les campagnes, ce n'est pas comme à Paris; les cloches jettent cela au hasard : peut-être en ont-elles laissé tomber dans le jardin; à moins, Fanfan, que tu n'aies pas été sage, et qu'elles n'aient pas voulu t'en donner. — Pourquoi, maman? puisque tu dis qu'elles jettent cela *au hasard*, elles ne s'inquiètent donc pas de savoir si les petits enfans ont été sages ou non? — Je m'explique : Je veux dire que, dans une grande étendue de propriété comme celle-ci, elles ne se gênent pas à choisir tel ou tel coin, une cheminée, par exemple, plutôt que tout autre endroit; pourvu que cela soit dans le terrain des parens de l'enfant qu'elles affectionnent, leur but est rempli : ainsi mettez-vous à parcourir le jardin, toi, tes deux sœurs, Jacques, Jeannette et Marguerite; mais j'exige que l'enfant qui trouvera plus d'œufs les garde pour lui, en quelque nombre qu'ils soient : cela sera signe que cet enfant est le plus sage et le mieux récompensé.

Nos six enfans se mettent donc à chercher séparément. Leurs pères et mères restent sur le parterre, et les entendent successivement s'écrier : Oh ! en voilà un dans les choux ! — J'en trouve deux sous un rosier ! — Qui croirait qu'il y en avait un sur ce banc de gazon ! — J'en ai déjà quatre. — J'en ai six. — J'en ai huit. — J'en trouve encore un. — Moi, je n'en ai que trois!

C'était Fanfan qui faisait, en soupirant, cette dernière exclamation.

Bientôt il fut plus heureux que les autres; car il en eut douze pour sa part, et, en revenant, il trouva le treizième dans un vase de fonte de la terrasse; mais celui-là n'était ni rouge, ni cuit : c'était au contraire un œuf frais qui semblait sorti à l'instant tout chaud du poulailler.

Mon papa, s'écria-t-il tout étonné, comment se fait-il que cet œuf ne se soit pas cassé en tombant de si haut ! — Je te le demande, mon ami ? — Pourtant il est bien tombé d'une cloche avec les autres ? N'est-ce pas, mon papa ? — S'il était tombé d'une cloche, tout droit dans le fond de ce vase de fonte où il n'y a pour le moment, ni plante, ni terre, penses-tu qu'il ne se serait pas brisé en heurtant contre un métal aussi dur ? Et la même réflexion ne s'offre-t-elle pas naturellement à ton esprit, relativement aux autres œufs que tu crois avoir trouvés : ils sont rouges, ils sont cuits ; mais, tiens, prête m'en un.....; bien. Dis-moi si cette coquille est assez forte, si cet œuf lui-même est assez dur pour ne pas se briser, comme cet œuf frais, en tombant d'une prétendue hauteur aussi immense : je le laisse tomber, moi, de quatre à cinq pieds.....; vois ? toute la coquille est gercée en petits éclats, l'œuf est aplati, cassé : que serait-ce s'il était tombé seulement de la croisée de ta chambre qui est au troisième étage !

Fanfan est interdit, son père continue : A présent, mon ami, je te dirai que je m'étonne fort qu'un garçon de neuf ans, grand, raisonnable, et même raisonneur, tel que tu l'es, croie, comme tes petites sœurs, à la fable de cloches qui vont à Rome, qui en reviennent chargées d'œufs rouges, etc., conte puéril qu'on fait à de tout petits enfans, et pour se moquer d'eux. — Oh, papa ! je viens d'en voir une à travers les vitreaux de l'église ; maman l'a vue comme moi, du moins elle me l'a dit.

Madame Brival répond : Je l'ai dit, mon fils, pour m'amuser à vos dépens. Tenez, regardez là-bas, on voit d'ici l'objet que vous avez pris pour une cloche, c'est la tête de ce gros arbre que le vent a cassée ; le voyez-vous par terre ? je voulais m'assurer que vous êtes assez niais pour croire à une pareille folie. Par où voulez-vous que les cloches s'échappent de leur clocher, et qui les soutiendrait en l'air ? Ont-elles des ailes comme les oiseaux ? Réfléchissez donc.— Eh bien ! maman, voilà le raisonnement que je me suis fait cent fois ; mais je n'osais pas te le répéter. — Pourquoi? — Parce que, habitué à croire tout ce que tu me dis, tu m'aurais grondé si je t'avais témoigné de la méfiance, du doute, encore plus de l'incrédulité. — Je ne t'aurais point grondé, mon ami:

la soumission, l'obéissance, la confiance que les enfans vouent à leurs parens, ne doivent point aller jusqu'à redouter de leur soumettre des doutes, des réflexions, des idées; des enfans confians peuvent au contraire chercher à s'éclairer en interrogeant leurs bons parens avec la décence qui leur convient: c'est-à-dire que si je voulais te faire accroire qu'il fait nuit en plein midi, tu n'oserais pas me faire là-dessus la moindre objection ? — Si tu insistais, maman, je me tairais : je me contenterais de penser que tu veux te moquer de moi ; car la nuit en plein midi, ce serait trop fort par exemple.

M. Brival réplique : Pas plus fort que de croire que les cloches peuvent voyager dans les airs. — Mais, mon papa, c'est dans la semaine sainte ; Dieu peut faire un miracle. — C'est insulter la Divinité, mon fils, que la supposer capable de faire un miracle niais, puéril, sans but, sans utilité. Pourquoi donnerait-elle à des cloches, qui sont d'airain et l'ouvrage des hommes, la faculté de se mouvoir, et dans quelle intention ? Pour aller à Rome chercher des œufs rouges ? Pour qui ? Pour satisfaire la gourmandise des petits enfans. S'il y a des œufs rouges à Rome. il y en a aussi en France, partout,

Non, mon fils, Dieu n'emploie pas sa toute-puissance à des choses aussi futiles. Ouvrez l'Évangile, l'Écriture Sainte, et vous verrez que les miracles qu'il fit par lui-même, par son fils, par ses prophètes ou ses apôtres, ont tous un but d'utilité, grand, noble, majestueux, digne de son ineffable bonté. Aujourd'hui même encore, les miracles qu'il fait, c'est de féconder la terre, c'est de vous conserver votre mère, votre père, à vous-même l'existence, la santé, et de vous rendre heureux comme vous l'êtes.

Fanfan saute au cou de ses tendres parens. M. Brival continue : Quant à ces œufs, que vous allez voir paraître, dans les marchés, en si grande quantité, persuadez-vous bien qu'ils ne viennent point de Rome, mais de chez cent fermiers prévoyans, qui, en ayant gardé beaucoup pendant l'hiver, temps où les poules ne pondent plus, sont obligés de les faire cuire, de les teindre en rouge pour les vendre sous cette forme à l'époque du printemps, où les basse-cours commencent à leur en donner de tout frais, et comme, d'après les rits de l'église, les cloches doivent rester trois jours de la semaine sainte sans sonner, on s'amuse alors à dire aux petits enfans qu'elles sont allées chercher ces œufs rouges, qui ne paraissent guère en effet que vers Pâques. Pour qu'ils ajoutent foi à cette fable, on fait ce que nous venons de faire : on achète des œufs, on les cache, pendant l'absence des enfans, dans une cheminée, dans un poêle, dans un jardin, et l'on donne ensuite beau jeu aux petits gourmands pour les y chercher. Ainsi fait en grand la Providence elle-même : elle a enfoui dans le sein de la terre toutes les richesses dont l'homme est avide ; il faut qu'il les cherche, et qu'il se donne de la peine pour les y trouver. A-t-il besoin d'or, d'argent, de fer, de diamans, de pierres précieuses ?

il creuse, il fouille les mines, et il trouve. Veut-il soutenir son existence ? il laboure, il sème, il plante et il recueille. Tout est sous sa main ; mais il ne le voit pas d'abord, ce n'est qu'à force de recherches et de travaux qu'il en devient possesseur. Comme lui, vous êtes destiné, mon fils, à travailler et à mettre en œuvre, si j'ose me servir de cette expression, l'œuvre du créateur. Cherchez, vous trouverez, et vous jouirez.

Ainsi parla M. Brival; et Fanfan, qui l'écoutait avec la plus grande attention, lui dit avec un petit accent d'humeur : Sans doute, mon papa, vous dites là de fort belles choses ; mais je suis fâché de ce que vous ne me tutoyez pas.

Son père lui appliqua sur les deux joues le plus tendre des baisers, et Fanfan, recouvrant sa gaîté, s'écria en sautant de joie: A présent, mon papa, les leçons de morale que vous venez de me donner vont germer dans ma tête, dans mon cœur, et je n'oublierai jamais que je les ai dues à ma sotte crédulité pour les œufs de Pâques.

CHAPITRE VII.

LE LANDI.

Tout le monde sait que le *landi* est un jour de congé pour les écoliers dans toute l'étendue de la France. Comme nous ne faisons point ici un ouvrage historique, ni scientifique, nous nous dispenserons, dans cette occasion, ainsi que dans plusieurs autres, de donner l'origine ni les détails de ces sortes d'institutions classiques, dont la plupart remontent au règne de Charlemagne. Il nous suffit de citer seulement *les fêtes des enfans*, et de rapprocher de ces diverses époques les traits de vertu, de sagesse ou d'humanité qui sont venus à notre connaissance. Ce chapitre en offrira deux, qui peut-être auront le bonheur d'intéresser nos jeunes lecteurs.

On peut donner pour titre au premier :

Le Dîner par cœur.

Les écoliers de M. Aubry, excellent maître de pension au village de***, voyant approcher le landi, se cotisèrent pour pouvoir faire au dehors un excellent repas. Chacun d'eux écrivit à ses parens qu'il lui fallait absolument un petit écu pour ce jour-là. Ils étaient

LE LANDI.

Le dîner par cœur.

cinquante pensionnaires ; en conséquence ils mirent à la masse cinquante écus, et prièrent monsieur Bernard, leur répétiteur, qui devait les accompagner dans leur promenade, de vouloir bien se charger de cette somme.

Le jour arrivé, on part; on est gai, on chante, on court, on saute, et, de même que le chien fidèle qui fait cent pas pour un en suivant son maître, on se livre à toutes les folies qui peuvent passer par la tête. En vain le grave M. Bernard, qui marche derrière, entre deux grands écoliers aussi froids que lui, s'écrie-t-il à tout moment : *Monsieur un tel, vous quittez votre rang. Monsieur un tel, ne courez donc pas comme cela. Monsieur un tel, vous entrainez les autres dans la plaine; on ne vous voit plus.* C'est, ainsi que disent les bonnes gens, comme s'il chantait.

Enfin, on aperçoit de loin la grille d'un parc ; on connaît le suisse de cette grille, qui est renommé dans le pays pour traiter supérieurement. On projette de commander là le dîner, et l'on espère qu'un repas de cinquante écus sera une chose magnifique. Déjà on dispose le menu : l'un veut qu'il y ait des poulets, l'autre des pigeons. Celui-là désire des tourtes, des flans, des crêmes. Celui-ci règle le dessert, et veut qu'on y fasse figurer un fromage glacé. Personne ne pense que ce suisse ne peut pas être assez assorti pour donner sur-le-champ un pareil dîner, encore moins des crêmes et des glaces; mais c'est égal, on les lui demandera toujours, et, à la rigueur, on se contentera de ce qu'il aura, pourvu qu'il l'apprête promptement, car nos jeunes gens ont un appétit dévorant.

On se repaît donc de ces joyeuses idées, quant tout à coup on entend des cris perçans. Une foule de gens qui s'avancent semblent frapper le Ciel de leurs gémissemens ; bientôt on distingue des collecteurs qui traînent un vénérable vieillard, et semblent le conduire en prison. Ils marchent; mais la femme, les enfans de ce pauvre homme sont aux genoux des collecteurs, et redemandent l'une son époux, les autres leur père. Il doit, il ne paie pas, disent les collecteurs; il faut qu'il aille en prison.

Sa femme s'écrie : O mon Dieu ! qui le délivrera des mains de ces barbares?

Ce sera nous, s'écrient à leur tour les écoliers de M. Aubry.

A l'instant, ils se jettent, comme des lions, sur les collecteurs, et voilà les ciseaux, les couteaux, les canifs, qui leur servent d'armes offensives.

M. Bernard, qui est à la file, voit l'attaque, la défense, et il frémit des malheurs qui peuvent en résulter. Sa prudence l'emporte sur sa gravité; il vole au lieu du combat, et, comme il est autant aimé qu'estimé de ses élèves, il parvient à leur imposer silence. Qu'est-ce que c'est? demande-t-il ensuite aux collecteurs ; de quoi s'agit-il? quel est ce vieillard? — C'est, lui répond-on, un paysan du village voisin, qui ne paie rien à l'État et qui ne veut rien payer. — Eh! le puis-je? s'écrie le vieillard. L'année a été mauvaise en tout, et j'ai dix enfans à nourrir.

— Dix enfans! réplique M. Bernard. L'infortuné !

La femme, les enfans du prisonnier se jettent aux genoux de M. Bernard, en le suppliant, en lui disant : Mon bon monsieur, si vous vouliez répondre pour lui! il vous rendra tout; il est laborieux, bon époux, bon père.

Un collecteur les interrompt : Voilà, dit-il, une bonne folie de votre part. Vous allez voir qu'un inconnu va répondre de cinquante écus !

Un des écoliers s'écrie : Cinquante écus ! Il ne doit que cela ?
— C'est déjà trop ! — Oh bien !

nous ferons mieux que répondre ; nous allons les payer.

Il se retourne vers ses camarades, et continue à haute voix : Mes bons amis, laisserons-nous traîner en prison un malheureux vieillard, quand nous pouvons briser ses fers, le rendre à sa famille ? Abjurons le vain plaisir de faire un bon dîner ; que la gourmandise cède à l'humanité. M'approuverez-vous si je prie M. Bernard de donner toute notre collecte à cet infortuné ?

Oui, oui ! tel est le cri général. M. Bernard veut objecter qu'on peut donner moitié, répondre du reste. Il n'est pas écouté. On sait que les hommes, qu'ils soient enfans ou formés, sont, lorsqu'ils se trouvent réunis en grand nombre, capables de toute une bonne action, comme ils le seraient d'une mauvaise si elle leur était suggérée. Nos jeunes gens, entraînés par le mouvement de générosité que venait de leur imprimer leur camarade, exigèrent que M. Bernard remît tout l'argent aux collecteurs. Ceux-ci le prirent, en donnèrent quittance au vieillard, qui s'éloigna, ainsi que sa famille, en comblant leurs jeunes bienfaiteurs de remercîmens et de bénédictions.

Que faire à présent ? Il faut renoncer au suisse et aux mets succulens qu'on voulait lui commander. Nos écoliers prirent en riant le parti de revenir chez M. Aubry; mais M. Aubry, qui ne les attendait pas, n'avait plus un dîner à leur offrir. Mes enfans, leur dit-il, je n'ai commandé pour aujourd'hui ni pain ni viande. Ne comptant pas sur vous, on n'a point apporté ici ce matin la provision journalière, et il en faut pour tant de bouches. D'ailleurs, dans un village, on n'a pas les ressources.... Aussi, vous n'auriez pas dû donner comme cela.... — Nous n'aurions pas dû! répond un écolier; oh! nous ne nous en repentons pas.

Nous dînerons par cœur, voilà tout. — C'est à peu près ce qui va vous arriver; nous allons ramasser les croûtes, les restes; et, ma foi, on dînera mieux demain.

Cela fut fait à la lettre. Nos enfans dévorèrent quelques pauvres restes; mais ils en furent bien dédommagés le soir. M. Aubry, intérieurement enchanté de leur conduite, avait voulu les éprouver. Voyant qu'ils n'en avaient aucun regret, qu'au contraire ils disaient tous que si cette bonne œuvre était à recommencer, ils la feraient encore, il leur servit un excellent souper, qui les surprit bien agréablement. Il en écrivit ensuite à leurs parens, qui tous doublèrent la part de la première collecte ; et, quelques jours après, leur digne instituteur leur ayant donné un second congé, nos généreux enfans allèrent faire chez le suisse en question un dîner somptueux, qu'ils n'avaient reculé que pour rendre à une famille infortunée la liberté, la vie et la douce consolation qui partout accompagne la bienfaisance.

Passons à l'autre anecdote.

LE CHAMP

DE LA PAUVRE VEUVE.

M. Evrard était à peine âgé de trente-six ans, et il avait déjà éprouvé tous les malheurs qui peuvent accabler un homme. Le dernier et le plus sensible pour lui était d'avoir perdu son père dans les colonies, où ce père l'avait emmené avec lui dans son enfance. M. Évrard père mourut sans fortune; le fils ne possédait que quelques épargnes avec lesquelles il revint en France, et acheta dans le village

LE LANDI.

Le Champ de la Veuve.

où il était né une petite propriété aussi utile qu'agréable. C'était une maison bourgeoise assez propre, dont le jardin, contenant deux arpens, lui rapportait en poires, pommes et autres fruits, environ huit cents francs par an, ce qui avec une rente de mille francs qu'il avait, formait toute son existence; il la rendait honorable, parce qu'il savait borner ses goûts. Sa femme, née dans les îles où il l'avait épousée, le secondait en toutes choses, et ce couple estimable avait eu le bonheur d'obtenir, pour un fils unique, une bourse dans un collége de Paris. Ainsi l'éducation d'Hubert ne coûtait rien à M. et madame Évrard ; ils n'étaient chargés que de son entretien, et c'était déjà beaucoup pour leur fortune, bornée d'abord, et qui variait chaque année, suivant le plus ou le moins de récolte de leurs fruits, surtout des poires, dont ils possédaient de superbes espaliers.

Comme le village qu'ils habitaient était à trois lieues au plus de la capitale, leur fils Hubert leur écrivit un jour que, le surlendemain, tout son collége allait faire la fête du *landi* dans leurs environs; que, se sentant un peu indisposé, il avait obtenu de ses supérieurs la permission de quitter ses camarades le soir de ce jour-là, pour aller passer quelque temps chez ses parens. Ainsi, ajoutait Hubert, je jouirai de la fête comme les autres, et j'aurai de plus le bonheur d'aller vous embrasser ; mais, mon cher papa, il faut que vous ayez la bonté de m'envoyer six francs pour que je fasse comme les autres, qui en mettent chacun autant à la masse, afin de nous bien régaler ce jour-là. Si je refusais mon offrande, j'aurais, toute l'année, cent sottises de la part des autres écoliers, et moi, qui ne suis pas patient, je les cognerais d'abord ; voyez, mon cher papa, si vous voulez éviter un malheur, et m'envoyer un écu de six francs. Vous pourrez le remettre au porteur de cette lettre, qui est un domestique du collége et un homme sûr. Je suis, etc.

M. Évrard n'était pas en argent dans ce moment-là, et 6 fr. étaient pour lui une somme. Cependant il avait un amour-propre raisonnable, qui lui indiquait de suivre l'exemple des autres parens; et d'ailleurs sa femme, qui tremblait déjà de voir son cher fils ou battant, ou battu, l'engageait à faire pour lui cette dépense nécessaire. Il remit six francs au porteur de la lettre, et attendit ensuite avec impatience son fils, qui se disait indisposé. Hubert avait quatorze ans et quoiqu'il parût fort, sa santé était très-délicate. Suivons-le dans sa charmante promenade du *landi* : elle le conduisit à deux lieues de Paris, où il fit un repas délicieux avec ses camarades.

A cinq heures il prit congé d'eux et s'achemina vers la demeure de ses parens, n'ayant plus qu'une petite lieue à faire pour y arriver. Mais le temps qui, toute la journée, avait menacé d'un orage, se noircit tout à coup ; il n'avait pas fait cent pas que des torrens d'eau tombèrent des nues amoncelées.

Hubert se trouvait heureusement près d'une église de campagne qui était ouverte, et il y attendit, en priant le bon Dieu, que l'orage fût passé; il dura plus d'une heure. Quand Hubert sortit de l'église, les chemins étaient couverts d'eau; des ravins coupaient les routes, et des torrens descendaient avec fracas des montagnes voisines; mais il ne pleuvait plus; le ciel au contraire était bleu, et tout annonçait la plus belle soirée.

Craignant l'approche de la nuit, et surtout d'inquiéter ses parens, qui l'attendaient, Hubert se mit en marche, sautant les fossés, et souvent traversant à gué de larges ruisseaux.

A peine avait-il fait un quart de lieue, qu'il aperçutt, dans une mare d'eau, un jeune enfant qui en avait jusqu'au cou et qui l'appelait à son secours. Qui es-tu ? que fais-tu là ? lui demanda Hubert.—Je suis, lui répondit l'enfant en pleurant, un pauvre petit paysan qui allait retrouver sa mère. J'ai voulu traverser cette mare, et je suis tombé. — Relève-toi et viens me joindre. — Je ne le puis. Je sors de maladie, et je suis si faible qu'à peine puis-je marcher.— Attends, attends; je vais couper cette longue branche de saule; je t'en donnerai un bout, et je te tirerai à moi,

Aussitôt dit, aussitôt fait. Le

petit malheureux saisit la branche, et, en s'aidant de son côté, il parvient à sortir de la mare; mais il est fait!.......

Grand merci, mon bon petit monsieur, dit-il à Hubert ; vous saurez que je suis Pierre, fils d'une pauvre femme qui possède un champ dans les environs. Il y a deux mois qu'elle m'envoya porter des graines de sa récolte chez ma tante, à Paris. J'y suis tombé malade des fièvres ; mais, me sentant mieux aujourd'hui, et impatient de revoir ma mère, je suis parti à pied, l'orage m'a surpris en plaine, j'ai tout reçu, et voyant le beau temps revenir, je me suis remis en marche jusqu'à cette mare où je suis tombé, où j'allais mourir sans vous. Oh, mon Dieu! comme je suis trempé! ça me fait revenir ma fièvre; tenez, tâtez mon pouls; vous y connaissez-vous? — Pas du tout; mais, pauvre Pierre, comment faire pour te sécher? — Je n'en sais rien. — As-tu loin à aller? — Trois quarts de lieue tout au plus. — C'est comme moi...., mais moi je ne suis pas mouillé! — Je tremble de froid. Oh, là là! que faire? Je n'ai pas un sou vaillant. — Si j'avais d'autres hardes seulement!.... — Eh bien, tiens, voilà mon habit; tu es de ma taille, il t'ira bien. — Oh, monsieur! je n'oserai jamais.

— Prends, te dis-je, j'ai ma chemise, mon gilet, et encore une fois je ne suis pas mouillé.

En disant cela, Hubert défait son habit, le passe dans les bras du petit garçon, et se sauve à toutes jambes, autant pour éviter les remercîmens de l'enfant, que pour se réjouir, en sautant, d'avoir fait ce qu'il appelle une belle action.

Il court donc comme un fou; mais peu à peu la respiration lui manque; il s'arrête, et, réfléchissant alors sur ce qu'il vient de faire, il pense que son habit était d'un beau bleu, tout neuf, qu'il a coûté beaucoup d'argent à son père et que ce bon père n'est peut-être pas assez riche pour lui en racheter un autre. Il le grondera sans doute d'avoir fait un cadeau de cette importance à un petit paysan inconnu, un vagabond, qui sait ? qui peut avoir menti et s'être dit malade, tandis qu'il ne l'était pas. Hubert est fâché de ne lui avoir pas donné son nom, son adresse, en le priant de lui rapporter son habit quand il se serait bien séché chez sa mère. Hubert sent que son humanité l'a mené trop loin, et, pour ne pas essuyer les justes reproches de ses parens, il se décide à leur faire un mensonge.

Il arrive chez M. et Mad. Évrard,

qui sont bien étonnés de le voir dans cet équipage, et qui, après l'avoir d'abord bien embrassé lui en demandent la raison. La pluie, dit-il en balbutiant, m'a pris en plein champ ; j'ai défait alors mon habit; puis, m'étant couché sur une grande pierre, je l'ai mis sur moi, afin qu'il reçût le plus fort de la pluie; là, j'ai eu le malheur de m'endormir, et il faut que quelqu'un m'ait pris mon habit pendant mon sommeil; car, à mon réveil, je ne l'ai plus trouvé ni sur moi, ni à côté, ni nulle part.

M. et Mad. Évrard ont peine à croire à ce récit; mais Hubert l'affirme ; et, comme on ne lui connaît point le défaut de mentir, il faut bien ajouter foi à ses discours. Cependant il n'a pas sur ses autres vêtemens une marque de pluie, ce qui aurait dû être, son habit n'ayant pas pu lui couvrir exactement tout le corps. Sur cette objection, Hubert répond qu'il est entré chez une bonne femme qui allumait un grand feu pour faire sa soupe; que cette femme lui a permis de se sécher, etc., etc. En un mot, il accumule mensonges sur mensonges, et monsieur Évrard se persuade à la fin qu'il dit la vérité; mais cet honnête homme ne se désole pas moins de cette perte, qu'il ne peut réparer, en ce moment, sans beaucoup se gêner; et les plaintes qu'il exhale à ce sujet percent le cœur du sensible Hubert, qui voudrait bien retenir et l'élan de sa générosité et son habit.

Cette affaire se passe cependant. Hubert a un habit plus commun chez son père; il le met, et y reste quelques jours pour sa santé.

Au bout d'une semaine, Hubert, se promenant autour du village, au pied d'un mur qui semble entourer un champ, est fort étonné de voir assis sur la porte qui coupe ce mur une bonne vieille femme et le jeune Pierre à côté d'elle, qui lui dit : Ma mère, rentrez, votre soupe est faite.

Hubert court à lui, en lui disant : Tu demeures ici, Pierre ? — Oh ! mon Dieu, c'est vous, Monsieur ? Ma mère, permettez que je dise deux mots en particulier à ce bon jeune monsieur.

Pierre entraîne Hubert à quelques pas, et lui dit : Ne parlez pas de l'habit devant ma mère ; elle ignore que vous me l'avez donné, et je l'ai vendu pour payer un quartier de loyer de son champ que voilà. Elle croit que cet argent m'est venu de mes épargnes sur certains petits travaux que je fais dans le village pour les uns et pour les autres.

Hubert, qui voit que son habit

est perdu pour lui de toutes les manières, lui promet le secret, et revient avec Pierre vers la bonne femme. Je suis, lui dit-il, le fils de M. Évrard. — Oh! répond la vieille, de M. Évrard? C'est un digne homme; tout le monde le bénit dans le pays. S'il était plus riche, le pauvre s'en ressentirait, surtout s'il savait ma position!— Quelle est donc votre position!— Hélas! tout mon champ a été grêlé par l'orage de la semaine passée, et je suis sans ressource, sans pain, mon bon monsieur.

Elle pleure et continue: Sans mon enfant que voilà, et qui est bien un trésor pour moi, je mourrais ; oui, la pauvre Perrette n'a plus sur la terre que ce bon petit Pierre, qui se donne une peine ! un soin !

Elle pleure de nouveau. Attendez, lui dit Hubert, je vais revenir.

Il court chez le boulanger du village, et y prend, au nom de son père, un pain de quatre livres qu'il rapporte à Perrette, en lui disant : Tenez, prenez cela ; tous les jours vous en aurez autant. — Oh ! tous les jours, c'est trop. — Non, non, non ; ce n'est pas même assez.

Et suivant son usage à la suite

d'un bienfait, il se sauve pour n'en pas entendre davantage.

Tous les jours, depuis celui-là, Hubert ne manqua pas de porter à la bonne Perrette un pain qu'il prenait chez le boulanger de son père, au nom de ce dernier, et sans oser dire à M. Évrard qu'il lui faisait ainsi une dette à son insu.

M. Évrard ne payait son boulanger que tous les mois, et il y avait déjà plus de trois semaines que ce manége durait, lorsqu'il vit arriver chez lui la mère Perrette, pâle, chancelante, et tenant un paquet dans son tablier. Monsieur, lui dit-elle, toute tremblante, monsieur Évrard, ne m'accusez pas, ne m'accablez pas! je suis innocente; je vous jure devant Dieu que je suis innocente. — Eh! mon Dieu, mère Perrette, lui répondit M. Évrard qui la connaissait, qu'avez-vous? Qu'est-ce que c'est? Qu'y a-t-il donc? — Le voilà, M. Évrard, le voilà l'habit de monsieur votre fils! Heureusement que mon petit drôle m'a tout avoué.

Et elle jette sur un siége l'habit bleu d'Hubert, qui est aussi propre que le premier jour.

Hubert, qui est là, pâlit à son tour, et ne sait plus comment cette scène va finir.

L'habit d'Hubert, dit monsieur

Évrard ! C'est bien lui ; mais je ne comprends pas..... — Oh ! réplique Perrette, vous allez comprendre. Ce matin, je monte par l'effet du hasard, car cela ne m'arrive jamais, je monte, dis-je, au galetas où couche mon fils Pierre : sa cassette était ouverte ; je vois cet habit tout dessus. Comme je sais qu'il n'en a et n'en aura jamais un pareil, je le prends, je descends, et je demande à Pierre où il a volé une pareille nippe. Sur ce mot de *volé*, mon garçon, qui est honnête au fond, se met à pleurer, et me répond : Moi, voler, ma mère ! O mon Dieu ! avez-vous pu le penser ! Cet habit m'a été donné par le fils de M. Évrard, pour le mettre sur mes hardes mouillées le jour du grand orage. Je l'avais caché avant d'entrer chez vous, voilà tout. — Pourquoi, lui dis-je, l'avez-vous caché? — Pour, qu'il me dit, pour m'en parer, et vous surprendre le jour de la fête du village, qui approche. Oh! alors je vous aurais tout dit.

« Voilà ce que m'a répondu mon petit vaniteux, et il m'a soutenu qu'il n'avait pas eu d'autre intention; mais moi, qui ai de l'âge et de l'expérience, j'ai pensé que Pierre n'aurait pas dû recevoir cet habit de la part d'un enfant qui ne sait ce qu'il fait en donnant une aussi belle chose à un étranger, et sans la permission de ses parens; j'ai grondé Pierre comme il faut, et je me suis empressée de vous rapporter cette harde, en vous priant de me pardonner si je n'ai pu le faire plus tôt. C'eût été bien affreux de garder cela à votre insu. Voilà une belle reconnaissance à vous témoigner de la bonté que vous avez de m'envoyer un pain tous les jours!» M. Évrard, de plus en plus étonné, s'écrie : Comment, la mère, je vous envoie du pain ? — Oui, mon bon monsieur; et tous les jours, je le répète, un pain de quatre livres. C'est lui qui nous l'apporte ; c'est ce bon petit monsieur Hubert, que je vous prie de ne pas gronder pour l'habit ; car il est bon, sensible et généreux. — Oui, en effet, il est très-généreux ! réplique M. Évrard : il saura bientôt là-dessus ma pensée, et le genre d'éloge qu'il mérite. Sortez, Hubert ; je vous rappellerai dans un moment.

Hubert s'éloigne en pleurant, et la mère Perrette continue en ces termes : Quoi ! est-ce que vous l'ignoriez?—Totalement, la mère, et.... — Cela prouve bien qu'il ne faut jamais rien accepter de la part des enfans. Ce n'est pas l'embarras, ce pain nous a fait grand bien ;

car je suis pauvre, pauvre !...... et, si je voulais, il ne tiendrait qu'à moi de devenir en un moment bien riche, mais riche à millions. — Vous, la mère ! Et comment cela ? Ah, monsieur Évrard ! n'était l'honneur, la délicatesse, ma conscience, et le serment que j'ai fait à feu mon pauvre mari ! — Ah ! c'est un secret. Alors je ne veux pas le savoir. Laissez-moi, je vous prie ; que je gronde un peu mon fils !..... — Oui, mon bon monsieur, oui, je vous laisse. Ah, mon mari ! s'il n'avait point eu tant d'attachement pour M. le comte de Saint-Paul !.... Mais adieu, monsieur Évrard, adieu ; je vous demande encore pardon....

Elle ouvre la porte pour sortir ; mais le nom qu'elle vient de prononcer intéresse si vivement monsieur Évrard, qu'il la retient par le bras, et la ramène vers un siége, en lui disant : Que parlez-vous du comte de Saint-Paul et de votre mari, qui lui était attaché ? — Je crois bien, monsieur Évrard, que mon mari l'aimait ! il lui en a donné bien des preuves ; et il n'était que son palfrenier, tandis que son secrétaire, M. Golot, l'a trompé de la manière la plus indigne. — O ciel ! vous avez connu M. de Saint-Paul ? son secrétaire Golot ? — Non pas moi ; je n'ai jamais vu ces personnes-là ; mais c'est mon mari qui les a bien connues. Voyez-vous, M. Évrard, je n'étais pas de ces pays-ci : il n'y a que seize ans que j'y suis venue, en me mariant avec mon pauvre Pénon! que j'ai perdu il y a quatre ans. — Pénon! j'ai connu ce nom là. — Pardi! il était né dans ce village, et il ne l'a quitté que pour s'y faire enterrer. — N'a-t-il pas été domestique chez M. de Saint-Paul? — Vous n'avez jamais entendu parler des malheurs du comte de Saint-Paul? Je vais vous les apprendre, moi. — Parlez : vous ne devinez pas à quel point vous m'intéressez.

La mère Perrette s'asseoit, et commence ainsi le récit suivant:

« M. le comte de Saint-Paul était propriétaire de ce beau château dont le parc touche à mon champ. Mon champ même lui appartenait. Il arriva que le seigneur du village, le fier et méchant marquis de la Maure, voulut avoir un petit bois qui formait limite à sa propriété, et qui appartenait au comte de Saint-Paul. Celui-ci, qui y tenait, parce qu'il l'avait reçu en cadeau d'un oncle, son protecteur, ne voulut point le vendre. Le marquis insista, le comte résista; bref, il en survint des querelles si violentes, qu'un beau jour le marquis eut l'atrocité de donner un soufflet au comte. Le comte soudain veut l'attaquer en duel. Le marquis, trop lâche pour répondre à ce genre de satisfaction, aposte des domestiques pour bâtonner le comte. Enfin le comte de Saint-Paul céda à un mouvement de vengeance, bien coupable sans doute, mais qui le perdit. Rencontrant, un soir dans ce bois, ce marquis qui l'insulta de nouveau, le comte lui brûla la cervelle.

« Après ce coup de désespoir, le comte rentra chez lui, fit monter soudain sa femme et son petit garçon dans une chaise de poste, y mit de l'argent, tout ce qu'il put emporter, et disparut, après avoir donné des ordres à son secrétaire

Golot, pour régir ses biens pendant son absence. Mon pauvre Pénon assistait à ce départ, et il en a bien pleuré, car le comte était si bon !.....

» Le comte passa dans les îles, où il est mort sans doute, ainsi que sa femme et son fils. Mais, pendant son absence, il arriva bien des événemens. Le marquis survécut quelques jours à sa blessure mortelle. Il nomma son assassin; la justice condamna le comte à avoir la tête tranchée, et tous ses biens furent confisqués. Comme ils furent vendus par parties, ce fut alors que Pénon, encore garçon, acheta le champ que j'habite, et qui m'est resté, le seul bien de sa succession ; mais dans ce champ..... Que vois-je, monsieur Évrard ! vous pleurez, vous sanglotez !..,.. — Ah, bonne femme ! Apprenez donc un secret que, seule, vous êtes digne de posséder : ce comte de Saint-Paul !..... Je suis son fils. Vous venez de me raconter l'histoire de mon malheureux père, que je n'ai que trop apprise dès ma plus tendre enfance.

La mère Perrette pleure à son tour, mais de joie et en s'écriant : Bonté divine ! vous, son fils ! est-il possible ? quel bonheur ! — Oui, je suis ce jeune enfant qu'il emmena dans son exil, où il est mort, ainsi que sa vertueuse compagne. De retour en France, j'ai changé un nom que les lois avaient flétri, en celui d'Évrard ; j'ai acheté cette maison par amour pour le village que mon père habitait, et dans l'intention d'y rester inconnu. Je ne sais pourquoi mon secret vient de m'échapper. Je vous ai dit là bien imprudemment...... — C'est une inspiration du Ciel, au contraire. Bénissez-le, Monsieur, de ce que vous n'avez pas redouté l'indiscrétion d'une femme vieille et de campagne ! Elle seule pouvait vous rendre le bonheur ! — Le bonheur? — Oui, oui, le bonheur et la fortune.

Elle se rapproche de lui, et ajoute à demi-voix : Apprenez que, la nuit même de l'évasion du comte, votre père, avec sa famille, le traître Golot, prévoyant que le château serait, dès le lendemain, investi par des gens de justice, prit pour confident Pénon, qui fut depuis mon mari, et que tous deux enfouirent, dans un coin du champ qui m'appartient à présent, des trésors considérables. — Golot ? — Oui, il cachait tout cela dans le dessein de se l'approprier, en cas qu'on mît les scellés sur le reste, ce qui est arrivé en effet. — Il prit donc ensuite tous ces effets précieux ? — Cela lui fut impossible; car le Ciel le punit sur-le-champ de sa scélératesse : le lendemain même de ce coup, on le trouva mort dans son lit, d'une attaque d'apoplexie. Vous voyez bien que les effets sont restés dans le champ, où ils sont encore. — Que dites-vous ? Quoi ! lorsque votre mari et vous devîntes possesseurs de ce champ, vous ne.... — Mon mari et moi, nous connaissions seuls ce trésor; mais nous l'avons toujours regardé comme un dépôt sacré que nous devions conserver au fils de notre ancien maître, si jamais il revenait en France. — O mon Dieu, quel excès de délicatesse! — Mon mari me disait sans cesse : Veux-tu que nous ressemblions à ce vil Golot? Il voulait voler; nous ne volerons pas, nous!.... Et encore, à son lit de mort, mon pauvre Pénon m'a fait jurer, devant Dieu, de ne révéler ce secret qu'à l'héritier légitime; encore plus, de ne jamais me servir de ce trésor, en aucun cas, sous quelque prétexte que ce fût, et quelques besoins que j'éprouvasse; seulement, il a consigné l'inventaire de tous ces effets sur un écrit que je garde, et que je ne confierais qu'à M. le curé, si je sentais approcher ma fin. Si je mourais même subitement, mes héritiers trouveraient le papier sur lequel Pénon a écrit :

NOS DERNIÈRES VOLONTÉS.

A Monsieur le Curé.

Mais, vous voilà, monsieur le comte! vous aurez la cachette, le trésor, l'écrit, tout, tout! »

Pour abréger cette histoire, nous dirons seulement que M. Evrard trouva en effet, dans le champ de la pauvre femme, des pierreries, des bijoux, des sommes considérables; et que, plein de reconnaissance en même temps que d'admiration pour les vertus de la bonne mère Perrette, il lui assura une existence honnête, réversible sur la tête de son fils.

On devine bien que Pierre, et surtout le trop bienfaisant Hubert, furent grondés, mais pas aussi vigoureusement qu'ils l'auraient mérité; car il ne s'agit pas seulement de donner, de soulager l'infortune, il faut le faire avec discernement, sans trop se gêner dans ses biens, surtout sans mettre de moitié, et malgré eux, dans cette espèce de prodigalité, parens, amis ou protecteurs. Les bonnes actions, faites avec prudence, sont louables en elles-mêmes; mais toutes n'ont pas l'heureux résultat qui suivit celle si imprudemment faite par le jeune Hubert.

FIN DU TOME PREMIER.

TABLE

DES CHAPITRES

DU PREMIER VOLUME.

Avant-propos.   page j

CHAPITRE PREMIER.—Le jour de l'an.   1

    La Leçon du grand-père. *Ibid.*

    Le petit maître Jacques.   24

CHAPITRE II. — L'épiphanie, ou les rois.   39

    Le maître de Mathématiques. *Ibid.*

    Severin, ou la belle-mère.   43

CHAPITRE III. — La saint Charlemagne.   91

Eugène, ou la Cupidité. 91

CHAPITRE IV.—Le carnaval. 107

Le Retour du bal. *Ibid.*

CHAPITRE V.—Longchamps. 131

Nancy. *Ibid.*

CHAPITRE VI. — Les oeufs de paques. 143

CHAPITRE VII. — Le landi. 165

Le Dîner par cœur. 166

Le Champ de la pauvre veuve. 178

FIN DE LA TABLE.

DE L'IMPRIMERIE DE DEMONVILLE.

www.ingramcontent.com/pod-product-compliance
Lightning Source LLC
Chambersburg PA
CBHW060120170426
43198CB00010B/972